// F RAYMOND

W0351669

Christian Lamblin

JE M'ENTRAINE A LA LECTURE

1 Cahier d'exercices
7-9 ans

EDITIONS RETZ

1-3, rue du Départ - 75014 Paris

Secrétariat éditorial:
Véronique Chabert d'Hières
Dessin de couverture:
Catherine Beaumont
Maquette:
Ulrich Meyer (Primart)
Dessins intérieurs:
Régis Macioszczyk
© Retz, 1989

SOMMAIRE

BONJOUR!

1 Sais-tu dessiner une grenouille? Ce n'est pas très facile! Pour t'aider, voici un modèle très simple:

Cet autre modèle représente un litre d'eau: 

Et celui-ci représente un poisson: 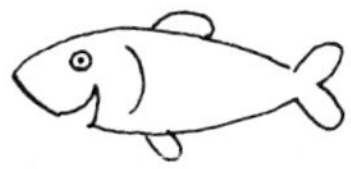

Utilise ces modèles pour dessiner dans le cadre le menu de Jean-Christophe. Attention! Tu dois indiquer le nombre exact de poissons, de grenouilles et de litres d'eau avalés par Jean-Christophe en un repas!

2 Voici plusieurs boissons:

... du lait tiède
... du jus d'orange glacé
... du chocolat chaud
... une menthe à l'eau fraîche
... du café brûlant

Classe-les de 1 à 5 (en mettant 1 devant la boisson la plus chaude et 5 devant la plus froide).

Dans le verre vide, colorie la boisson que tu préfères. Ensuite, complète la phrase qui est à côté du verre.

Ceci est un verre de ____________________

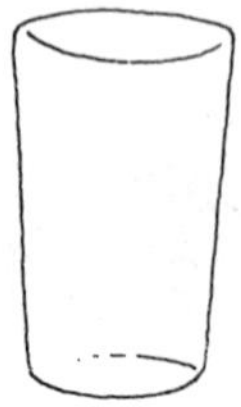

3 Voici cinq phrases. Certaines sont vraies, d'autres sont fausses. Mets un V devant les phrases vraies et un F devant les phrases fausses.

... Jean-Christophe a moins de huit ans.
... Il habite dans une ville.
... C'est un petit garçon comme les autres.
... Il aime dormir en plein soleil.
... Sa peau est très fine.

4 Lis attentivement ces trois phrases:

1. Jean-Christophe a ____________ dents.
2. Sa peau est très ____________.
3. Il habite au bord du ____________.

Il manque un mot dans chaque phrase. En relisant l'histoire, tu peux trouver les mots manquants. Quand tu les as trouvés, recopie-les au bon endroit.

5 Voici un A majuscule. Essaie d'en dessiner cinq en regardant bien le modèle.

A

À TABLE!

1 **Nous sommes dans une classe. La maîtresse a demandé aux élèves d'écrire le menu de la cantine. Un élève un peu étourdi a proposé ce menu:**

une salade de lait
une cuisse de fraise et des poulets verts
un yaourt à la tomate
un verre de haricots

C'est un menu bizarre, n'est-ce pas? Peux-tu refaire son travail et remettre les mots à la bonne place?

une salade de ____________.

une cuisse de ____________ et des ____________ verts.

un yaourt à la ____________, un verre de ____________.

2 **Voici plusieurs dessins d'animaux. Regarde-les bien et essaie de trouver le nom de chacun d'eux.**

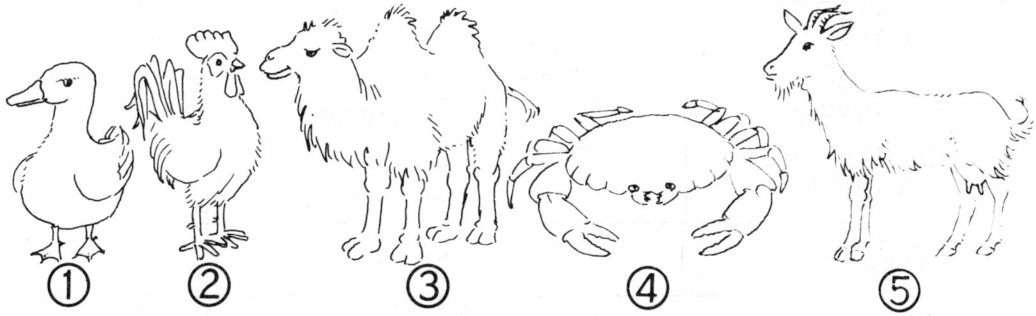

Maintenant lis attentivement cette liste de noms:

○ un canard ○ un crocodile ○ un canari ○ une chatte
○ un chameau ○ une chèvre ○ un cobra ○ un porc
○ un coq ○ un crabe

A côté de chaque nom, il y a un rond. Si l'animal est dessiné sur la page 7, écris le numéro du dessin dans le rond. Si l'animal n'est pas dessiné, colorie le rond.

Tous les noms de la liste commencent par la lettre c sauf un.

Lequel? ___________

On peut trouver un nom commençant par c pour désigner le même animal.

Quel est ce nom? _____________

---

3 Les hommes, les femmes et leurs enfants mangent beaucoup d'animaux. Toi aussi, je suppose...

Si tu as déjà mangé un morceau de cet animal, colorie la case 1. Si tu n'en as jamais mangé, colorie la case 2. Choisis trois animaux que tu aimes bien déguster. Pour ces animaux, colorie la case 3.

	1	2	3		1	2	3
le bœuf				le cheval			
le crabe				le canard			
le chien				le lapin			
l'ours				le poulet			
le poisson				le loup			
l'escargot				le chat			

4 Jean-Christophe part en promenade. Observe bien le plan et trace le chemin qu'il a suivi.

Jean-Christophe part de son repaire, il traverse le fleuve et il va chasser dans les roseaux. Ensuite, il va sur l'île pour digérer.
Deux heures plus tard, il se réveille et se dirige vers le village. A cet endroit, les poissons sont très nombreux et Jean-Christophe se régale. Après ce délicieux repas, il prend un bon bain de boue. Cela lui fait beaucoup de bien! Ensuite, il rentre tranquillement chez lui.

5 Voici un B majuscule. Observe bien le modèle et complète la ligne.

B

UNE VIE BIEN TRANQUILLE

1 Jean-Christophe prend des bains de boue dans le fleuve. Les êtres humains, eux, prennent des bains d'eau dans une baignoire!

Regarde bien ces phrases. Elles racontent n'importe quoi!

Je prends un bain dans mon cartable.

Mon grand frère remplit la baignoire avec du café au lait.

Papa dort bien car la poubelle est très confortable!

Je range mes cahiers dans un bol.

Maman jette les épluchures dans son lit.

Pour obtenir des phrases normales, change la place des mots soulignés.
N'écris rien sur le cahier.
Essaie de lire rapidement les phrases correctes.
Sans te tromper!

2 Lis attentivement ces six phrases:

○ A. Je dors bien la nuit.

○ B. Il y a une grosse tempête sur l'océan.

○ C. Mon petit frère a pleuré toute la nuit!

○ D. Deux chiens se battent dans la rue.

○ E. Le jour se lève sur la campagne.

○ F. Le chat ronronne sur son coussin.

Voici six dessins. Essaie de voir ce qu'ils représentent:

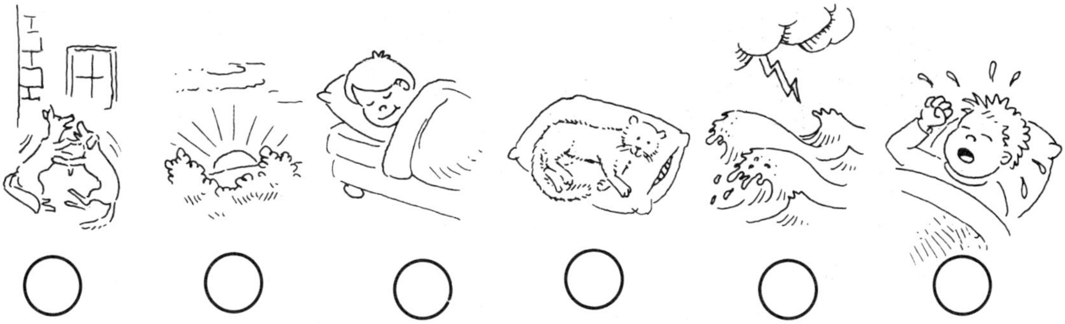

Sous chaque dessin, dans le rond, écris la lettre de la phrase qui va avec.

Il y a un rond devant chaque phrase. Si la phrase te fait penser à quelque chose de calme, colorie le rond en bleu. Si elle te fait penser à quelque chose d'énervant, colorie le rond en rouge.

---

3 Il manque un mot dans chaque phrase. Trouve-le dans la lecture et recopie-le.

Je vais chez le ____________ car j'ai mal à une dent.

Un ____________ vole entre les nuages.

Une araignée velue ____________ une grosse mouche bleue.

---

4 Jean-Christophe fait trois repas par jour. Il mange exactement la même chose à chaque repas.

Entoure le nombre de poissons et de grenouilles qu'il a dévoré à la fin de la journée. Même chose pour les litres d'eau!

Grenouilles

Poissons

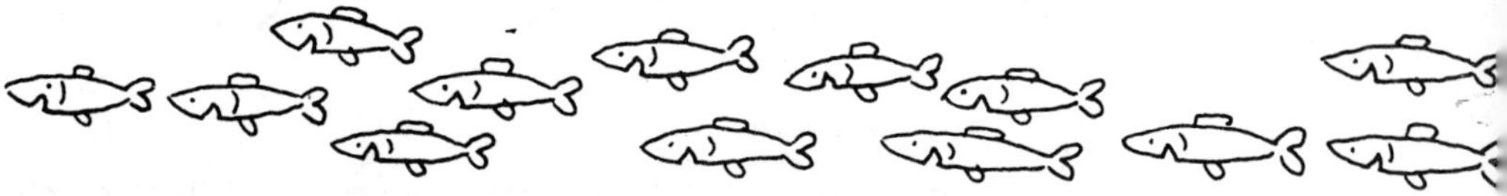

Litres d'eau

5 **Voici un C majuscule. Essaie de le recopier cinq fois. Le mieux possible.**

LA CARTE POSTALE

1 Ce dessin représente la famille de Jean-Christophe.

Le plus gros s'appelle Luc. Arlette est la plus grande. Brigitte est très maigre et Paul a l'air complètement idiot. Magali est assise à côté de Jean-Christophe.

En regardant le dessin, essaie de trouver le prénom de chaque personnage. Ils ont tous un vêtement avec un rond. Écris la première lettre du prénom dans ce rond.

2 Voici trois cartes postales:

Côté écriture :

① Je me baigne tous les jours dans la piscine. Je me promène aussi dans les bois avec tonton. De temps en temps je vais pêcher dans l'étang. A bientôt.
Pipo

② Je me baigne tous les jours et je fais des chateaux de sable sur la plage. Je ramasse aussi des coquillages pour ma collection.
Grosses bises. Paméla

③ Hier, papa a voulu faire de l'escalade. Mais il a reçu une pierre sur la tête! Maintenant, il a une belle bosse au sommet du crâne et il ne veut plus sortir du châlet! Je vous embrasse bien fort. Lulu

Côté image :

Essaie de trouver le texte et l'image qui vont bien ensemble.

Le texte ... est avec l'image ...

Le texte ... est avec l'image ...

Le texte ... est avec l'image ...

---

3 Lucette-Marie plonge sous l'eau et voici ce qu'elle découvre! Une belle série de poissons!

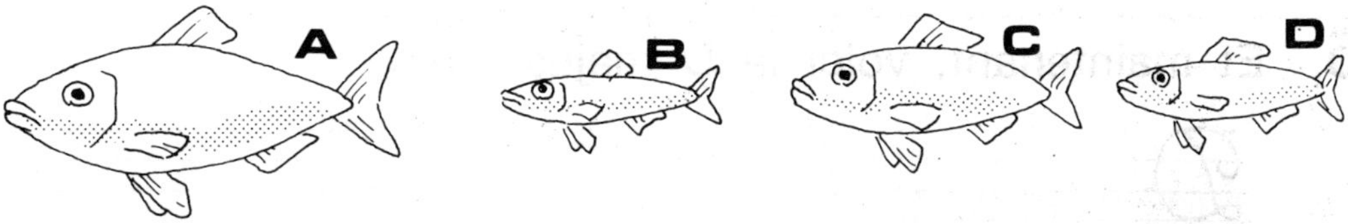

7 kilos — 2 kilos — 5 kilos — 3 kilos

9 kilos — 1 kilo — 4 kilos

Pour dévorer exactement dix kilos de poissons, Lucette-Marie doit choisir:

le poisson ... + le poisson ... + le poisson ... = 10 kilos.

Ou bien encore :

le poisson ... + le poisson ... + le poisson ... + le poisson ... = 10 kilos.

4 **Regarde bien dans l'histoire pour trouver les mots manquants. Recopie-les sans faire de faute!**

Je me suis trompé de manteau et j'ai pris le tien.

__________-moi!

Nous lirons la ______ de l'histoire demain.

Il pleut beaucoup et mes chaussures sont pleines de

________.

---

5 **Et maintenant, voici le D majuscule!**

D

QUE FAIRE?

1 Regarde bien ces cinq dessins:

Peux-tu deviner ce que pensent les personnages? Tu as le choix entre six idées:

1. Je voudrais bien trouver un trésor!
2. Pourvu que je batte le record du monde!
3. Zut! J'ai encore perdu ma montre!
4. J'espère qu'il va vite guérir!
5. Ah là là! Vivement les vacances!
6. J'espère que le beau temps va durer!

Une bulle sort de la tête de chaque personnage. Dans cette bulle, indique le numéro de sa pensée. Attention! il y a une pensée qui ne sert à rien!

2 Les mots manquants sont dans l'histoire. Cherche-les et recopie-les correctement!

Mon grand frère lit le ____________ tous les jours.

Le maître nageur est venu ____________ un baigneur en difficulté.

La ____________ du supermarché n'est vraiment pas aimable!

3 Voici le dos de trois cartes postales. Malheureusement, quelqu'un les a déchirées! Peux-tu indiquer les morceaux qu'il faut recoller ensemble?

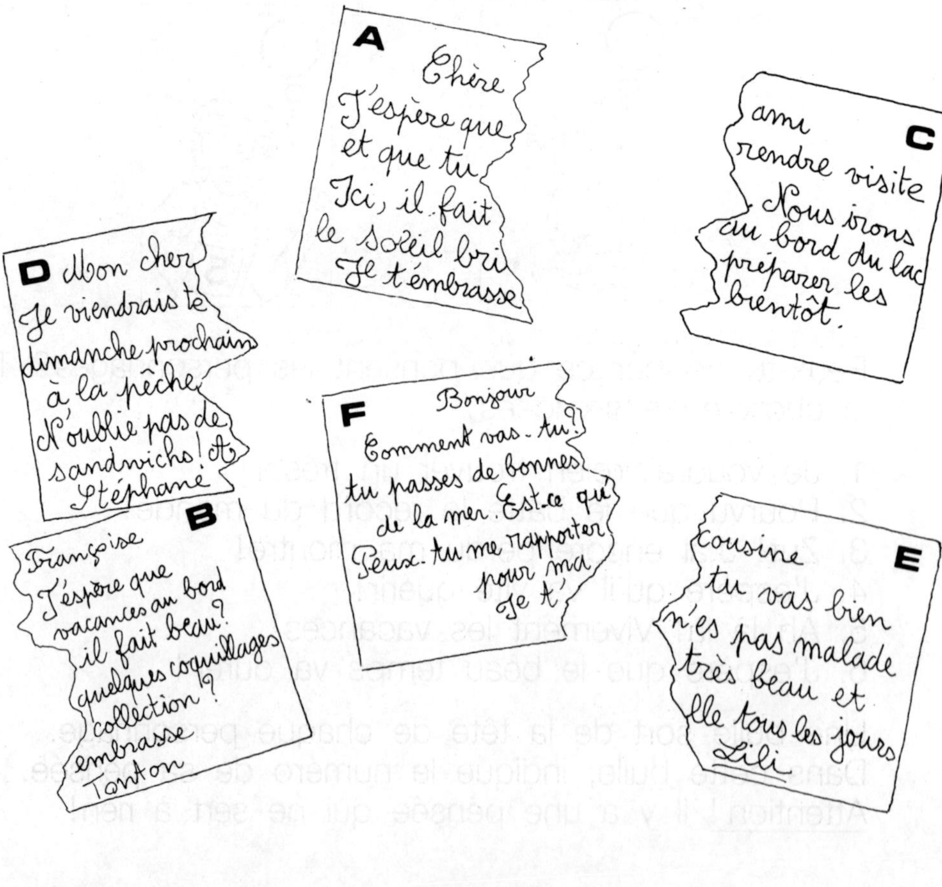

Le morceau ... et le morceau ... doivent être collés ensemble. Le morceau ... va avec le morceau ... Pour finir, il suffit de coller les morceaux ... et ... ensemble.

---

4 Pour finir, voici le portrait d'un gardien de ménagerie.

Pour que ce portrait soit complet, prends tes crayons de couleur et ajoute:

- des moustaches
- des lunettes carrées
- une longue cravate
- des lacets
- des carreaux sur la veste
- des rayures sur le pantalon
- des fleurs sur la chemise.

EN ROUTE !

1 **Une petite fille est en vacances chez son grand-père. Elle écrit une lettre à sa meilleure amie pour lui raconter une promenade. Voici cette lettre:**

Ma chère Juliette,

Dimanche matin, je suis allée faire une promenade en voiture avec papy. Nous devions partir vers sept heures, mais comme papy s'est endormi sous sa douche, nous ne sommes partis qu'à midi.
Nous sommes allés à Rancouny pour acheter des croissants. Malheureusement, il n'y en avait plus. Alors nous sommes allés à la boulangerie de Calouta. Ensuite, nous sommes allés à Tirzi en passant par Rimaville. Papy a acheté une carte postale pour maman et nous sommes allés la poster à Ballant (car il n'y a pas de poste à Tirzi).
Le réservoir de la voiture était presque vide, alors nous sommes allés faire un plein d'essence. Puis nous sommes revenus en passant par Fagou.

Voici un petit plan de la région. Si cela t'amuse, tu peux tracer le circuit que j'ai parcouru. Si cela ne t'amuse pas, fais-le quand même. Cela fera travailler ton petit cerveau qui en a bien besoin!

Je t'embrasse. Paulette.

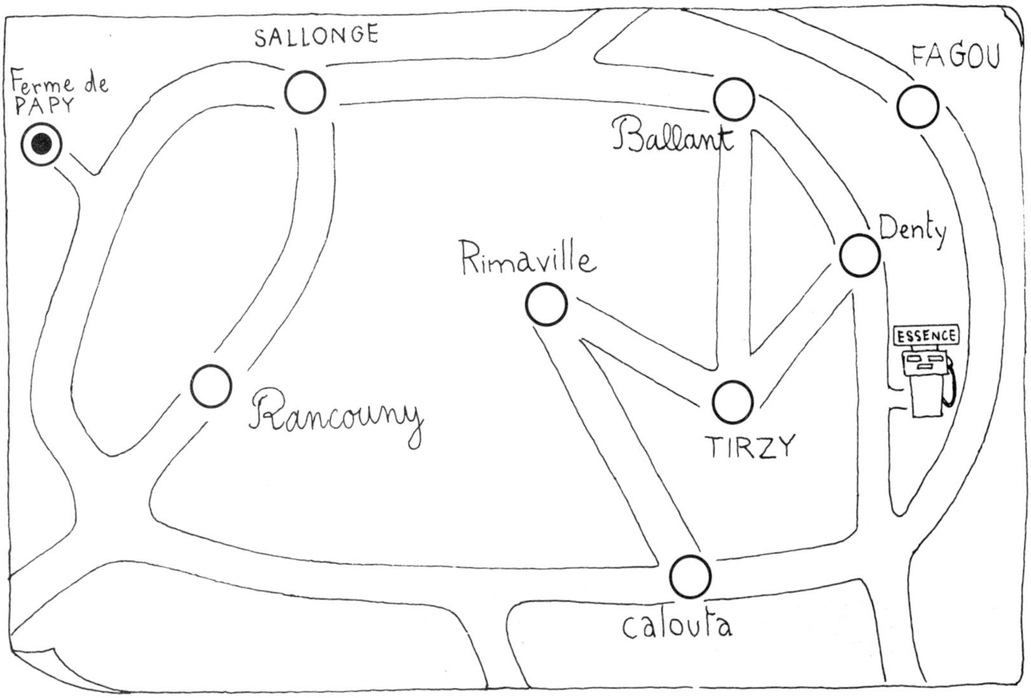

2 **Voici une liste de verbes. Si le verbe te fait penser à « monter », dessine dans la case une flèche vers le haut ↑. Si le verbe te fait penser à « descendre » dessine une flèche dirigée vers le bas ↓.**

escalader ☐	monter ☐	plonger ☐
gravir ☐	tomber ☐	décoller ☐
dégringoler ☐	dévaler ☐	grimper ☐
glisser ☐	couler ☐	atterrir ☐

3 **Lis attentivement ces renseignements:**

On fabrique le pain avec de la farine.
Pour boire, les gens utilisent souvent un verre.
Le pin ressemble beaucoup au sapin.

Les bateaux arrivent toujours dans un port.
Les pêcheurs attirent souvent les poissons avec un ver.
Le boucher vend de la viande de porc.

Et maintenant, écris un nom sous chaque dessin. Mais attention! Tu ne dois faire aucune faute!

____

____

____

____

____

____

4 Pour partir en voyage, on peut utiliser différentes machines. En voici quelques-unes:

	1	2		1	2
le vélo			l'hélicoptère		
la voiture			le car		
le métro			le sous-marin		
le tracteur			le bateau		
l'avion			le train		
la fusée			la moto		

Première colonne: colorie les cases des machines que tu as déjà utilisées.

Deuxième colonne: classe toutes ces machines de 1 à 12. 1 pour celle que tu préfères. 12 pour celle que tu aimes le moins.

---

5 Nous arrivons maintenant au E majuscule. Super, n'est-ce pas?

CAPITAINE CANON

1 Voici plusieurs objets. Si on les pose à la surface de l'eau, vont-ils flotter ou couler?

Si l'objet flotte, dessine devant son nom une flèche qui monte, s'il coule dessine une flèche qui descend.

une bille de verre	un canon
une balle de tennis	un arbre
un bouchon	une pierre
un ballon	une pièce de monnaie

Combien d'objets flottent? ______

Combien d'objets coulent? ______

2 Barre le verbe qui ne convient pas:

Capitaine Canon (défend, attaque) les bateaux marchands.

Le soleil (se lève, se couche) tous les matins.

Tous les hommes se bouchent les oreilles car capitaine Canon (hurle, murmure) sur le pont.

Le bateau (avance, s'arrête) quand le vent ne souffle pas dans les voiles.

---

3 Voici cinq dessins du capitaine Canon:

1

il_______________

2

il_______________

3

il_______________

4

il_______________

5

il_______________

Sous chaque dessin, indique ce qu'il fait. Tu as le choix entre:
il parle, il crie, il hurle, il murmure, il se tait.

Et que dit-il?

Dans le dessin numéro _, il dit certainement: Chut! Ne faites pas de bruit pour ne pas le réveiller!

Dans le dessin numéro _, il crie: Tous les hommes sur le pont!

Il hurle « A l'abordage! » dans le dessin numéro _.

Dans le dessin numéro _, il ne dit rien du tout!

Il fait beau, aujourd'hui! Tant mieux! Voilà ce qu'il dit dans le dessin numéro _.

---

4 **Aujourd'hui, pas de majuscule mais un joli tas de boulets de canon! Tu dois essayer de le reproduire le plus exactement possible dans le quadrillage.**

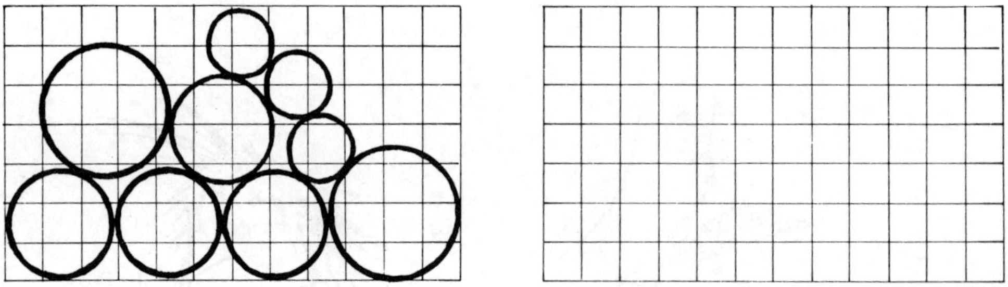

UNE TERRIBLE BATAILLE

1 Quand il se passe quelque chose d'important, capitaine Canon l'écrit sur son journal de bord. En voici une page.

1er octobre	Attaque d'un bateau français. Prise de 10 kilos d'or, 100 kilos de pommes de terre et 3 tonneaux de vin. 5 hommes blessés.
15 octobre	Grosse tempête. Grande voile déchirée. Mes chaussettes sont toutes mouillées.
18 novembre	2 hommes malades. Ils ont été débarqués sur l'île Saint-Louis.
21 novembre	Explosion accidentelle d'un baril de poudre. Début d'incendie sur le navire. Deux hommes blessés. Mes chaussettes sont toutes brûlées.
26 novembre	Attaque d'un bateau italien. Prise de 5 kilos d'or, 50 kilos de pâte à pizza et 500 boîtes de ravioli.

28 novembre	Grosse tempête. Mât brisé. Chaussettes trempées.
1er décembre	Réparation du mât sur l'île Saint-Louis. Achat de cinq paires de chaussettes imperméables. Les deux malades sont guéris. Ils remontent à bord.
12 décembre	Attaque d'un bateau chinois. Prise de 7 kilos d'or, 200 kilos de thé et 25 livres de lecture.
25 décembre	Pour la fête de Noël, j'ai offert un livre de lecture à chacun de mes hommes. Ils étaient ravis!

Si tu as bien lu et bien compris ce journal, tu vas pouvoir répondre aux questions suivantes:

Combien de kilos d'or capitaine Canon a-t-il volés?

______

Combien de bateaux a-t-il attaqués? ______

Dans quelle île aime-t-il aller? ______________

A quelle date les deux malades sont-ils remontés dans le bateau? ____________

Combien d'hommes ont-ils été blessés? ______

Ce journal raconte la vie du capitaine pendant combien de mois? ______

2 **On peut écrire beaucoup de mots en utilisant uniquement les lettres du mot TERRIBLE! Peux-tu en trouver quelques-uns?**

Nous habitons dessus: T . R . .

Une boisson pour les grandes personnes: B . . R .

Avec un fusil ou un pistolet: T . .

Il n'est pas en prison: L . B . .

Il pousse dans les champs: . L .

---

3 **Complète les phrases avec des mots de la lecture:**

Des gangsters ____________ les coffres de la banque.

Hier, j'ai trouvé un petit ____________ dans mon jardin.

Le soir, j'aime bien regarder le soleil se coucher sur l'____________.

Dans la cour de récréation, les enfants poussent des ________ terribles.

---

4 **Prends un mot de chaque phrase pour compléter la grille de la page suivante.**

Attention! Une seule lettre par case. Et toutes les cases doivent être remplies!

1. Le capitaine Canon part à la recherche d'un trésor.
2. S'il ne trouve pas le trésor, il ira en prison.
3. S'il trouve le trésor, il pourra remplacer son vieux bateau.

4. Il doit faire très attention car il y a un dangereux récif sur sa route.
5. Pendant le voyage, il étudie longuement sa carte marine et son front est en sueur.
6. Heureusement, il finit par découvrir le trésor!

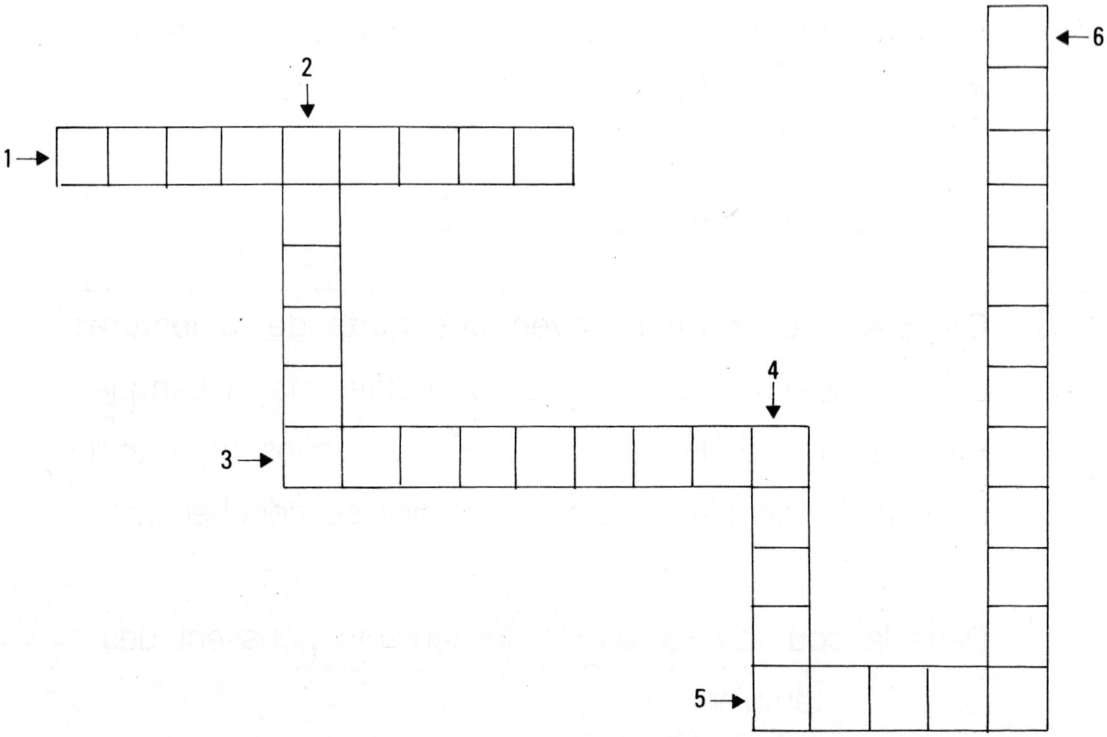

5 Pour terminer, tu vas avoir le plaisir de faire quelques F majuscules. Quelle chance tu as!

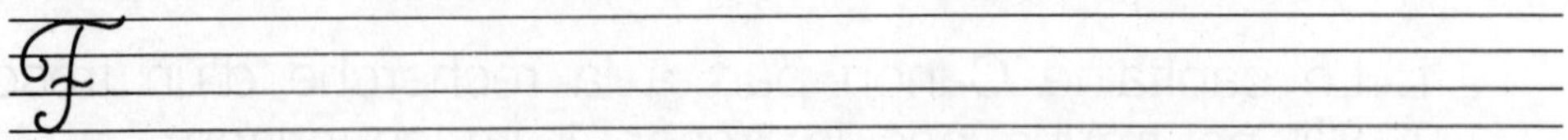

CAPITAINE JUSTICE

1 **Observe attentivement ce dessin. Il représente une photo prise pendant l'attaque d'une banque par un groupe de gangsters.**

Si tu as bien observé ce dessin, tu pourras facilement répondre à ces questions:

Quel jour a eu lieu l'attaque? ____________

Quelle heure était-il? ____________

C'était en été ou en hiver? ____________

Quel est le nom de la banque? ________

Et son adresse? ____________________

Combien de gangsters as-tu vus? ________

Comment se sont-ils sauvés? ____________

Voici une vue du quartier. A ton avis, de quel endroit la photo de la page précédente a été prise? (Indique cet endroit avec une croix.)

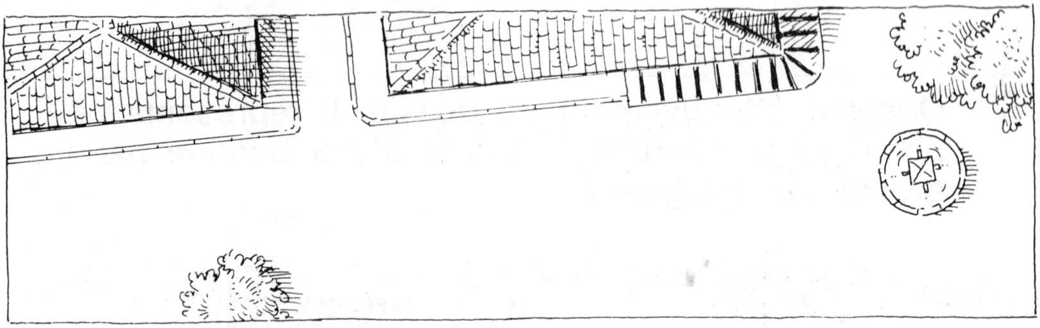

2 Cinq personnes passent devant un tribunal. Elles vont être jugées parce qu'elles ont fait quelque chose de mal:

...Monsieur A a été attaqué par un voleur. En voulant se défendre, il a tué le voleur.
...Madame B a attaqué une banque avec un revolver. Personne n'a été tué.
...Monsieur C a volé du pain dans une boulangerie.
...Madame D a volé un porte-monnaie.
...Monsieur E a tué quelqu'un pour le voler.

Imagine que tu es le juge. Devant chaque personne, écris un chiffre de 1 à 5.
1 représente la faute la plus grave. 5 représente la faute la moins grave.

3 Tous les mots manquants se trouvent dans le texte. Cherche-les et recopie-les sans faire de fautes!

Ma grand-mère aime bien aller à la ____________ dans la forêt.

Ma tante Caroline est une ______________ de la pêche en mer.
Mon sport ______________ est la natation!

---

4 **Voici le bateau de Justice en pièces détachées:**

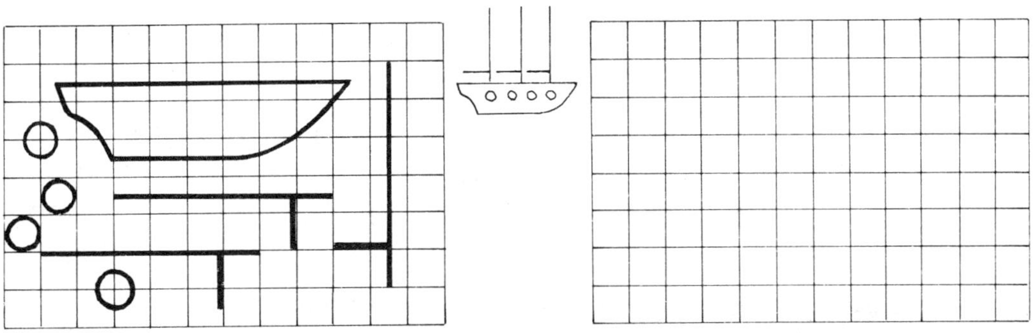

Essaie de le reconstruire dans le quadrillage. Attention! Chaque élément doit avoir exactement la même taille que le modèle!

---

5 **Comme tu as de la chance! Tu vas enfin apprendre à dessiner le G majuscule! Tu es ravi, n'est-ce pas?**

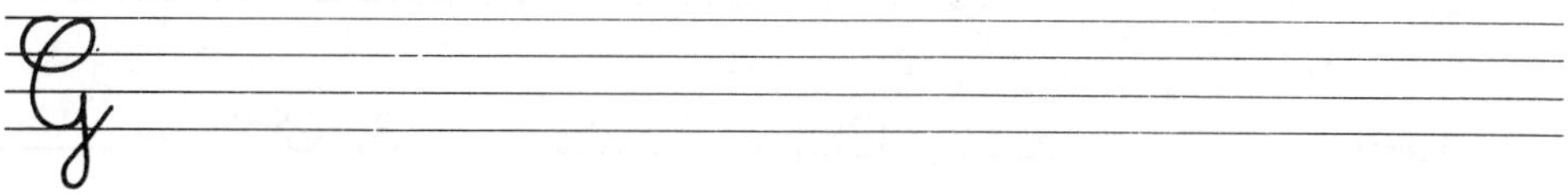

UNE GRENOUILLE À L'ÉCHELLE

1 Lis attentivement ces indications:

Le ciel peut être bleu
couvert (avec quelques nuages)
très couvert (avec beaucoup de nuages)

Le vent	nul	La pluie	nulle	Les nuages	gros
	faible		légère		petits
	fort		violente		absents

Maintenant, regarde bien ces trois paysages:

1. Ciel	________	2. Ciel	________	3. Ciel	________
Vent	________	Vent	________	Vent	________
Pluie	________	Pluie	________	Pluie	________
Nuage	________	Nuage	________	Nuage	________

Tu dois utiliser les indications du début pour remplir ce petit tableau.

2 **Trouve les mots manquants dans l'histoire et recopie-les sans faute!**

Maman a acheté des petits cornichons dans un

________.

J'ai besoin d'une ________ pour cueillir les cerises!

Dans notre classe, il y a un gros ____________ avec des tortues.

Nous partirons en promenade au début de la

____________.

3 **Justice s'entraîne très souvent au tir avec les membres de son équipage. Chaque tireur a droit à dix balles. Voici les résultats de quatre tireurs:**

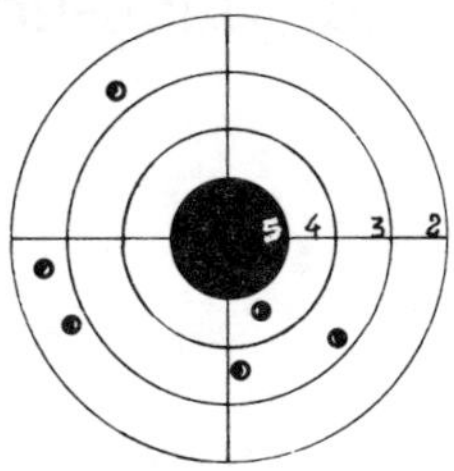

tireur 1

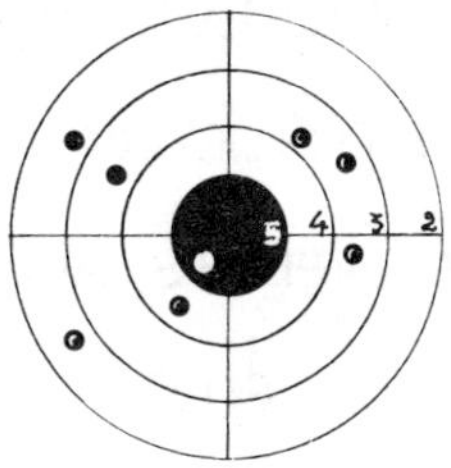

tireur 2

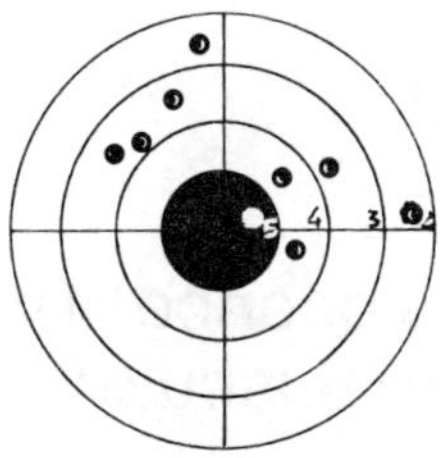

tireur 3

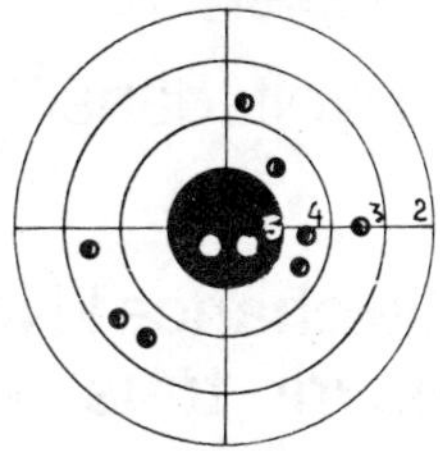

tireur 4

Centre: 5 points. Ensuite: 4, 3, ou 2 points.

Regarde bien les cibles et remplit le tableau des résultats.

	tireur 1	tireur 2	tireur 3	tireur 4
Combien de balles au centre de la cible?				
Combien de balles à côté?				
Total des points				
Classement				

4 On peut écrire beaucoup de mots avec les lettres du mot GRENOUILLE. Peux-tu en trouver quelques-uns?

Métal précieux : . R

Pour plier les jambes : . . N . .

C'est la femme du roi : . . I . .

On l'apprend à l'école : L . . .

Elle ne vaut rien! : N . . . .

On la voit dans le ciel, la nuit : . . N .

5 Quelle chance! Non mais alors quelle chance! Tu vas enfin découvrir tous les secrets du H majuscule!

UNE DÉFAITE TRAGIQUE

1 Si le mot te fait penser à « gagner », dessine une flèche pointée vers le haut. Si le mot te fait penser à « perdre », dessine une flèche pointée vers le bas.

une victoire	un vainqueur	un conquérant
une défaite	un vaincu	une perte
un perdant	un gagnant	une retraite

2 Voici une liste de mots. Certains désignent des armes. D'autres désignent des projectiles (ce que les armes envoient). Souligne les armes.

un obus — un fusil — un arc — une balle — une pierre — une fléchette — une flèche — une fronde — une sarbacane — un canon.

A côté de chaque dessin, indique le nom de l'arme et le nom du projectile.

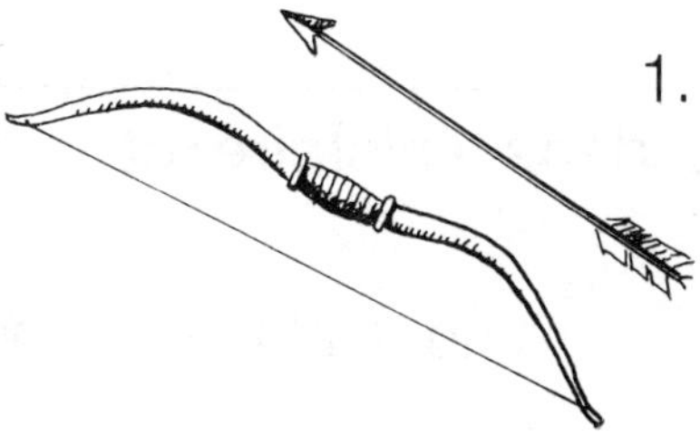

1. arme: ______________

   projectile: ______________

2. arme: ______________

   projectile: ______________

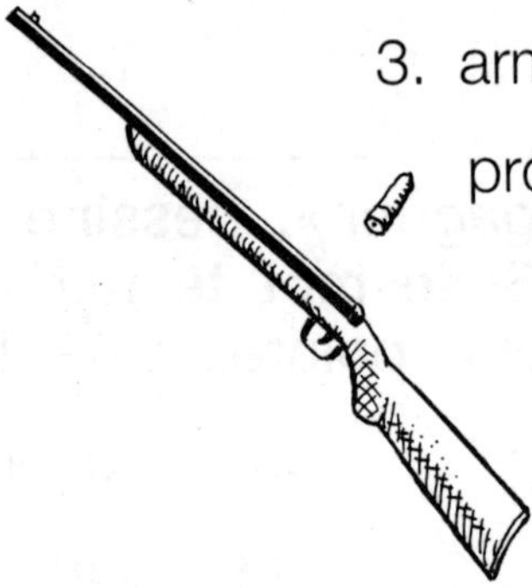

3. arme: ____________

projectile: ____________

A toi de dessiner une arme avec son projectile:

3 Recherche les mots manquants dans l'histoire et recopie-les sans faute.

Mon cousin a hurlé en ____________ une araignée dans son goûter.

Hier, j'ai fait huit kilomètres à pied. C'est une longue

________.

J'aime beaucoup la pêche en mer. Je rêve d'attraper

un vrai ____________.

4 Observe bien ce grand dessin:

Maintenant, lis ces phrases. Si elles sont vraies, écris V devant. Si elles sont fausses, écris F.

... Trois hommes sont tombés à la mer.
... Le bateau marchand est plus gros que le bateau pirate.
... Les pirates sont plus nombreux que les matelots.
... Le bateau pirate est un trois mâts.
... Le bateau marchand est français.
... Le bateau marchand est en bois.
... Le bateau pirate est tout neuf.
... Il n'y a pas beaucoup de vent.

... Des requins approchent.
... On voit un autre bateau à l'horizon.
... La bataille a lieu vers midi.

---

5 Lis attentivement ces quatre phrases:

Les pirates deviennent rapidement maîtres du navire.

Quand il fait froid, il faut mettre des vêtements chauds.

Dans mon école, il y a trois maîtres et cinq maîtresses.

Mon voisin est très grand, il mesure presque deux mètres!

As-tu remarqué quelque chose? Certains mots se ressemblent beaucoup. Souligne-les. Ensuite, complète les phrases en utilisant ces mots:

Je dois ______________ la table tous les dimanches.

Cet arbre mesure au moins vingt ______________ de haut.

Ma grande sœur apprend le karaté avec un

______________ japonais.

---

6 Et maintenant, voici le I majuscule.

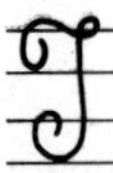

PRISONNIER!

1 **Avant d'embarquer sur le bateau pirate, le cuisinier travaillait dans un grand restaurant. Voici la carte qu'il proposait à ses clients:**

ENTRÉES

1. Salade de tomates .... 12 francs
2. Salade niçoise .... 18 francs
3. Sardines à l'huile .... 15 francs
4. Pâté de campagne .... 18 francs
5. Potage de légumes .... 15 francs

SPÉCIALITÉS

6. Poulet en gelée .... 35 francs
7. Poulet en sauce .... 30 francs
8. Bœuf à la française .... 38 francs
9. Côte de bœuf grillée .... 52 francs
10. Langue de bœuf en sauce .... 43 francs
11. Lapin sauce moutarde .... 50 francs
12. Lièvre aux fines herbes .... 72 francs
13. Côtelettes de mouton braisées .... 65 francs
14. Brochettes bœuf-mouton .... 70 francs
15. Filets de canard .... 75 francs
16. Canard à la broche .... 80 francs
17. Canard à l'ananas .... 65 francs
18. Côte de porc sauce au poivre .... 45 francs
19. Queue de porc aux poivrons .... 48 francs
20. Queue de bœuf aux petits oignons ...... 39 francs
21. Pied de porc pané .... 46 francs

DESSERTS

22. Crèpes au chocolat .... 28 francs
23. Glace cinq parfums .... 25 francs
24. Fruits de saison .... 12 francs
25. Plateau de fromages .... 25 francs

Peux-tu faire la liste des animaux cuisinés dans ce restaurant?

____

____

Combien y a-t-il de plats différents? (Si tu as bien fait attention, tu n'as même pas besoin de les compter!) ______.

Le plat le plus cher est le plat numéro ______.
Le plat le moins cher est le plat numéro ______.

Compose-toi un petit menu! Choisis les trois plats que tu préfères et écris leurs numéros ici:

Entrée: ____ Spécialité: ____ Dessert: ____

Calcule le prix de ton repas:
____ + ____ + ____ = ____ francs.

Ensuite, passe la commande à ton maître ou à ta maîtresse!

---

2 Barre les phrases qui ne vont pas avec le mot « tranquillement ».

Un beau bébé hurle « tranquillement » dans son berceau.
Le chat dort « tranquillement » sur son coussin.
Un gros pétard explose « tranquillement » dans la rue.
Une maman promène « tranquillement » son bébé dans le parc.

3 Voici une liste de bagages:

une valise — un cartable — une malle — un sac à main — un panier — une sacoche.

Entoure celui dans lequel Jean-Christophe a été enfermé.
Écris le nom de trois bagages sous ces trois dessins:

____

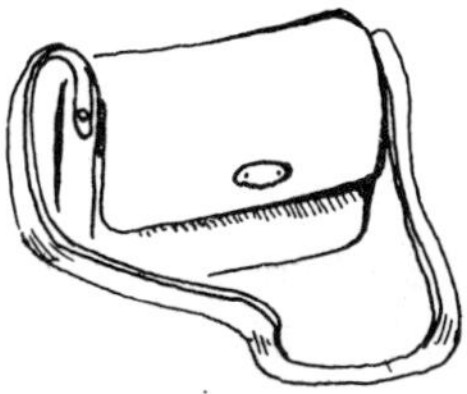

____

____

Que vas-tu utiliser pour mettre:

des livres et des cahiers: ______________.

des vêtements pour partir en vacances: ______________.

des clés, un portefeuille, un mouchoir: ______________.

4 Formidable! Voici le moment de t'entraîner pour faire de belles majuscules! Aujourd'hui, nous allons dessiner le J.

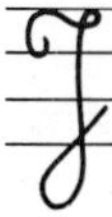

PENSÉES AMÈRES

1 Jean-Christophe est enfermé dans la cale du bateau. Si on pouvait voir sa tête, comment serait-elle ?

Colorie le bon dessin.

2 Voici six dessins. Sur chacun d'eux, Jean-Christophe a une expression différente.

Je suis...

Je suis...

Je suis...

Je suis...

Je suis...

Je suis...

Il y a une petite phrase sous chaque dessin.
Complète-la en utilisant le bon adjectif. Tu as le choix entre:
malade, effrayé, en colère, fatigué, heureux, triste.

---

3 Imagine...

Ton bateau vient de sombrer. Tu nages... Tu nages pendant des jours... Soudain, tu aperçois enfin la terre! Tu rassembles tes dernières forces et tu arrives sur une île inconnue. La faim creuse ton ventre. Tu pars à l'aventure dans la forêt... Soudain, tu découvres six fruits très différents. Tu les ramènes sur la plage. Lesquels sont comestibles? Lesquels sont dangereux?

Par chance, une vague dépose un livre à tes pieds. Il vient de ton bateau mais il est très abîmé. Tu l'ouvres. Voici ce que tu peux y lire:

La coconoix est un gros fruit carré de couleur jaune. Sa peau épaisse est recouverte de petits piquants. La queue est attachée à l'un des coins du fruit. La coconoix est remplie d'une chair empoisonnée qui peut tuer un homme en moins de trois minutes.

La bananane est un fruit très plat. Il ressemble à une galette. Sa peau, de couleur verte, est recouverte de petites boules bleues. C'est un fruit délicieux.

La popomme a une forme très particulière. Elle ressemble à une pyramide rouge dont la pointe serait tournée vers le bas. Si quelqu'un mange une popomme, il a tout de suite très mal au ventre. Puis ses dents, ses yeux et ses cheveux tombent par terre.

Le ratabricot est une grosse boule composée de plusieurs centaines de petits grains marron ou orange. C'est un fruit très sucré qui apporte beaucoup de vitamines.

Le choupoire est un long fruit plat. Il est composé d'une vingtaine de petits carrés rangés comme une tablette de chocolat. Certains carrés sont vert clair, d'autres vert foncé. La chair du choupoire est très acide. Il ne faut surtout pas en manger car on risque d'avoir des trous dans la bouche, dans l'estomac et dans l'intestin.

Le fraisosucre est un gros fruit carré. Sa peau rouge, très fine, est recouverte de petites étoiles blanches. Cet excellent fruit convient très bien pour le dessert.

Voici le dessin de ces six fruits:

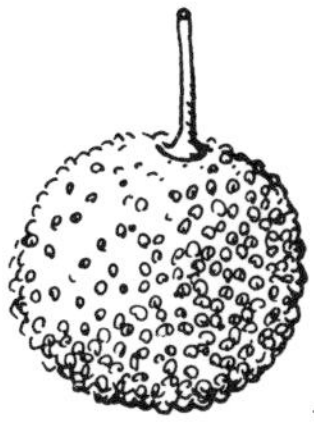

____

____

____

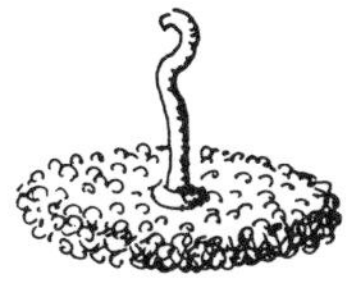

____

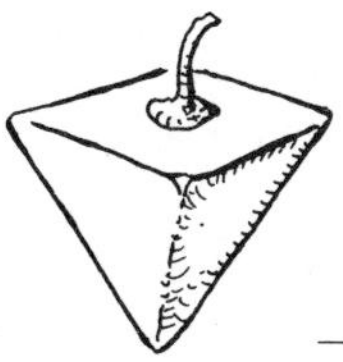

____

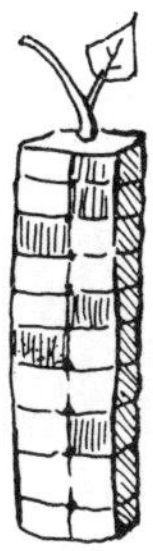

____

Colorie chaque dessin et écris le nom du fruit.
Si le fruit est dangereux, écris son nom en rouge.
S'il est comestible, écris son nom d'une autre couleur.

---

4 Il manque un mot dans chaque phrase. Cherche-le dans la lecture et recopie-le sans faire de fautes!

Mon petit frère ______________ parce qu'il a mal aux dents.

De temps en temps, papa se transforme en

______________ et c'est lui qui prépare le repas.

Es-tu ______________ de nager quinze minutes sans t'arrêter?

5 Pour te reposer, voici maintenant le K majuscule!

𝒦

ISA

1 Le vrai nom d'Isa est Isabelle. Tout le monde l'appelle Isa parce que c'est plus court. On dit que c'est un diminutif.

Voici quelques prénoms...	et leurs diminutifs
Isabelle	Fred
Jean	Momo
Véronique	Isa
Élisabeth	Jeannot
Frédérique	Véro
Maurice	Bob
Mireille	Babette
Robert	Mimi

Avec un trait, relie le prénom et le diminutif qui va avec.

Autour de toi, il y a sûrement des gens (ou des animaux) qui ont un diminutif. Peux-tu en indiquer deux?

Vrai prénom ____________ Diminutif ____________

Qui est-ce? ____________

Vrai prénom ____________ Diminutif ____________

Qui est-ce? ____________

2 Isa part faire des courses...

Elle va d'abord à la boulangerie pour acheter une baguette. Ensuite, elle prend le journal à la librairie, puis elle fait la queue à la poste pour envoyer un petit colis à sa cousine. En sortant de la poste, elle achète des bananes et un ananas à l'épicerie. En revenant chez elle, elle s'arrête à la boucherie pour acheter trois biftecks. Ensuite, elle rentre chez elle en passant par le port.

Attention! Quand Isa traverse la rue, elle traverse toujours sur un passage pour piétons!

Observe bien ce plan:

1. immeuble où habite Isa.
2. charcuterie
3. école
4. boulangerie
5. restaurant
6. épicerie
7. poste
8. librairie
9. parfumerie
10. supermarché
11. stade
12. piscine
13. librairie
14. port
15. boucherie

Relis le texte. Dans la liste, coche (avec une croix) les endroits où s'arrête Isa. Ensuite, trace sur le plan le chemin qu'elle a suivi. N'oublie pas qu'elle traverse toujours aux passages pour piétons!

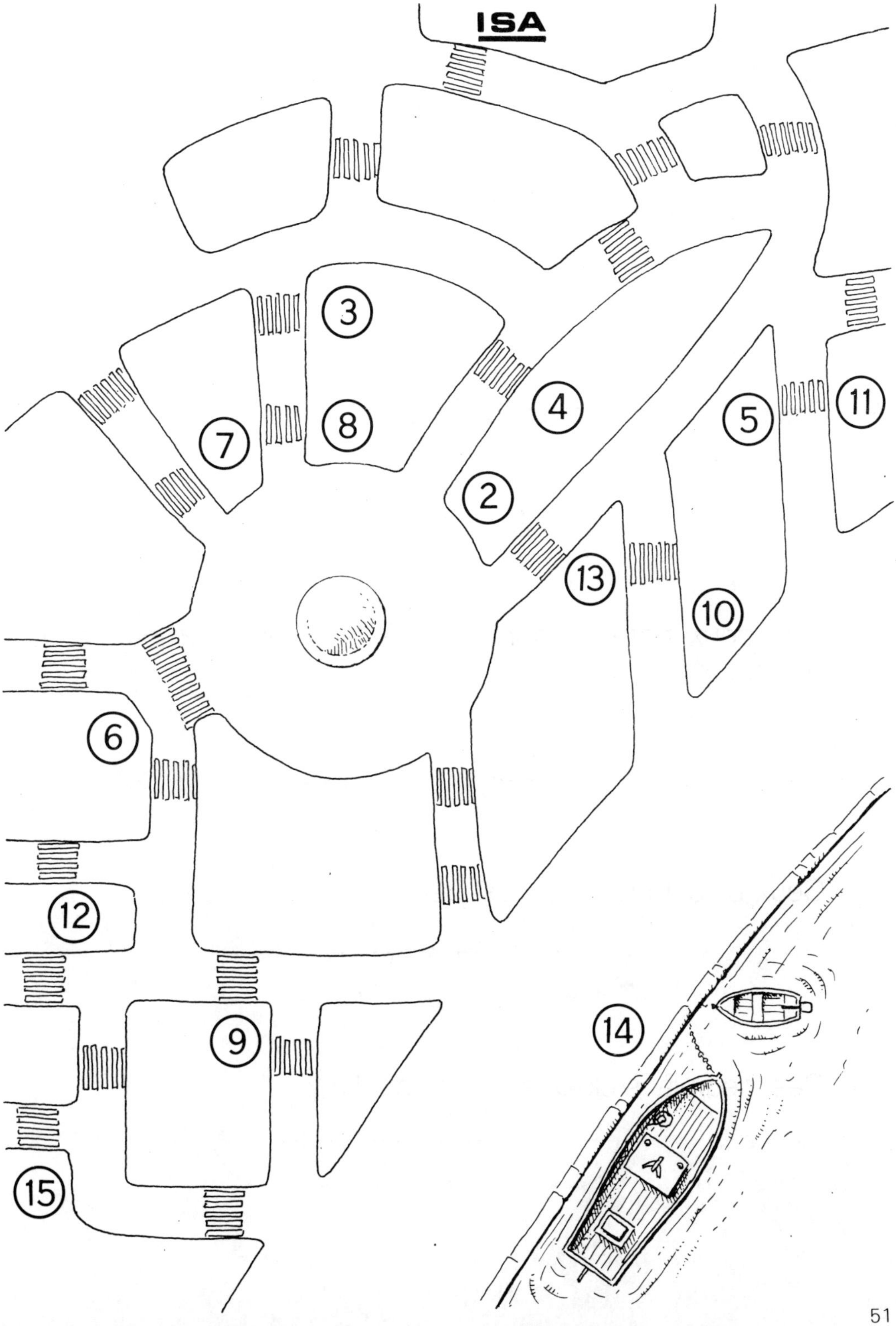
ISA
3
8
7
4
2
5
11
13
10
6
12
9
14
15

3 Complète les phrases en cherchant les mots dans l'histoire:

J'ai rangé mon livre dans le ________ de mon bureau.

Avec ma loupe, j'observe un ________ microscopique.

Il y a très longtemps, les hommes habitaient dans des

________.

4 Voici le dessin d'un bateau:

Ces deux bateaux sont face à face (ajoute moteurs et drapeaux):

Ceux-ci partent tous les deux vers la gauche!

Ces deux-là s'éloignent l'un de l'autre:

ISA L'ÉTOURDIE

1 Relie ce qui doit être ensemble!

Les pommes de terre

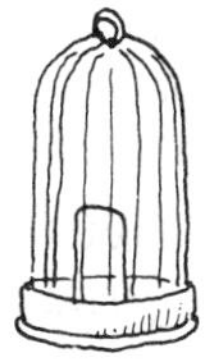

La cage du perroquet

Il faut le coucher!
Il faut la repeindre!
Il faut les éplucher!
Il faut les laver!

Les chemises

Le petit frère

2 Regarde bien tous ces dessins:

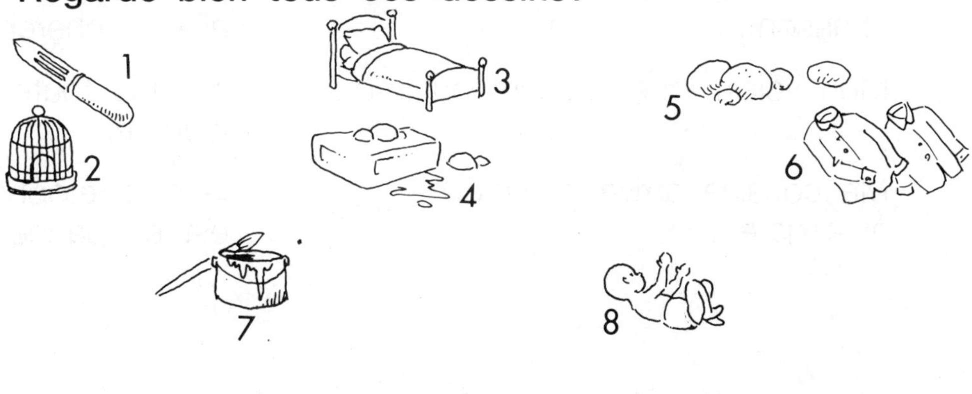

Maintenant, essaie de compléter ces phrases en choisissant le bon numéro!

Pour éplucher le numéro __, il faut le numéro __.

Si tu veux repeindre le numéro __, fais-le avec le numéro __.

Pour laver le numéro __, il faut le numéro __ mais certainement pas le numéro __.

Celui qui dort dans le numéro __, c'est le numéro __ et pas le numéro __.

---

3 Malheureusement... Voilà un mot qu'on utilise assez souvent. Malheureusement!

Relie les deux parties de ces phrases avec malheureusement.

Fais-les correspondre avec des flèches.

Je suis allé à la pêche avec papy...	il ne gagne jamais!
Hier, j'ai fait une promenade...	nous n'avons rien pris.
Je voudrais bien écouter cette chanson...	je ne pourrai pas aller la chercher.
Mon voisin joue souvent au loto...	il a plu toute la journée.
Ma cousine arrive à 8 h 30 à la gare...	le magnétophone est en panne.

4 On peut fabriquer beaucoup de mots avec toutes les lettres du mot ÉTOURDIE.

Avec 2 lettres: métal jaune précieux . .

Avec 3 lettres: il y en a beaucoup dans les villes . . .

Avec 4 lettres: les châteaux en ont toujours une . . . .

Avec 5 lettres: chemin pour les voitures . . . . .

Avec 6 lettres: elle n'est pas droite . . . . . .

Avec 8 lettres: elle ne fait pas attention . . . .

5 Les enfants rêvent souvent. Les grandes personnes aussi! Voici quatre grandes personnes en train de rêver. A ton avis, à quoi rêvent-elles?

On te propose trois solutions. Barre celles qui te semblent fausses.

Il rêve d'être cosmonaute, agriculteur ou explorateur?

Il rêve d'être pilote de course, infirmier ou instituteur?

Elle rêve d'être médecin, boulangère ou pirate?

Elle rêve d'être cuisinière, générale ou dentiste?

6 Et maintenant... une superbe majuscule!

L

UN ONCLE SYMPATHIQUE

1 **Oncle Gaëtan adore les poissons grillés. Mais on peut aussi les manger crus (comme au Japon), coupés en petits morceaux avec une bonne sauce.**
Observe bien ce tableau:

	Cru	Cuit	Quand?
pomme de terre			
côte de bœuf			
tomate			
escargot			
huître			
œuf			
fromage			
banane			
artichaut			
endive			
carotte			
poulet			
poisson			
moule			

En face de chaque nom, il y a trois cases.
Dans la colonne Cru, colorie la case en bleu si l'aliment se mange cru.
Si l'aliment se mange cuit, colorie la case Cuit en rouge.

Attention ! Si un aliment se mange parfois cuit, parfois cru, tu dois colorier les deux cases.

Dans la colonne Quand, écris le chiffre 1 si l'aliment est mangé en début de repas (en entrée) ; le chiffre 2 si on le mange en plat de résistance ; le chiffre 3 si on le mange en dessert.

Attention ! Pour certains aliments, tu dois mettre deux chiffres !

---

2 Complète les phrases en recherchant les mots dans la lecture.

Mon grand frère est très ____________ car il attend les résultats de son examen.

J'ai vu un film d'_________ à la télévision et j'ai fait des cauchemars toute la nuit !

Je suis allé au marché avec ma tante et nous avons acheté une botte de ________.

---

3 Il y a une case à côté de chaque verbe.

Si le verbe te fait penser à la rapidité, trace une flèche bien droite dans la case. →

Si le verbe te fait penser à la lenteur, dessine une flèche tordue. ⇝

courir ☐

foncer ☐

attendre ☐

se promener ☐

clopiner ☐

traîner ☐

se précipiter ☐

flâner ☐

se ruer ☐

bousculer ☐

Nombre de flèches droites: __
Nombre de flèches tordues: __

---

4 Heureusement ou malheureusement?

Je suis tombé de vélo...

____________, j'ai atterri sur la pelouse!

____________, j'ai atterri sur des cailloux!

Ce gâteau coûte huit francs...

____________, je n'ai que cinq francs en poche.

____________, j'ai neuf francs en poche!

Hier, nous sommes allés faire un pique-nique dans la forêt...

____________, le soleil n'était pas au rendez-vous.

____________, la pluie n'était pas au rendez-vous.

5 Oncle Gaëtan travaille dans un zoo. Il a beaucoup de travail car les gens font souvent des choses interdites.

Lis bien cette liste:

Jeter des pierres sur les éléphants.
Nager dans le bassin des crocodiles.
Photographier les girafes.
Acheter des cacahuètes.
S'asseoir sur le dos d'un tigre.
S'asseoir sur un banc.
Entrer sans prendre de billet.
Sortir sans rendre son billet.
Marcher sur la casquette du gardien.
Pêcher dans le bassin des otaries.

Mets un point rouge devant ce qu'il ne faut pas faire. Ensuite, à toi de trouver deux choses interdites. (Tu peux essayer d'inventer des bêtises amusantes!)

____

____

6 Aujourd'hui, tu as le droit de faire plusieurs majuscules. Choisis parmi celles que tu as déjà apprises. Applique-toi!

UNE BELLE CAPTURE

1 Lis attentivement ces listes d'objets:

une longue-vue une fenêtre une loupe	une scie une longue-vue un couteau	un réfrigérateur un congélateur un radiateur
une baignoire un bateau une bouteille	un radiateur le soleil un disque	un ballon un couteau la lune

Il y a trois noms dans chaque cadre. Deux de ces noms ont un point commun: ils ont la même utilisation, ou la même forme, ou autre chose...

Par exemple:

Un stylo Une fourchette Une craie	Le stylo et la craie servent à écrire. Pas la fourchette.

Quand tu as trouvé le mot qui ne va pas avec les deux autres, barre-le. Essaie d'expliquer pourquoi tu as mis les deux autres mots ensemble.

2 Les mots manquants sont dans l'histoire. Cherche-les et recopie-les sans faire dix mille fautes!

Écoute-moi calmement et surtout ne te mets pas en

__________.

Il faut toujours mettre un __________ à la fin d'une

phrase.

Mon oncle voulait partir en Algérie, mais ______________ il est resté chez lui!

3 Voici le dessin de trois navires:

Le navire de Justice a trois mâts. Le drapeau flotte en haut du plus grand. Il est armé de huit canons (quatre canons de chaque côté) et c'est le navire le plus long des trois. Ses voiles sont jaunes.

Le navire pirate a également trois mâts. Le drapeau flotte à l'arrière du navire. Il a six canons de chaque côté et c'est le plus petit navire des trois. Ses voiles sont rouges.

Le bateau marchand a des voiles vertes. Il n'a que quatre canons (deux de chaque côté) mais il a trois mâts comme tout le monde. C'est le plus chargé des trois et son drapeau flotte à l'arrière.

Colorie les voiles des bateaux.

Attention, ne te trompe pas...

4 Capitaine Canon vient de capturer un navire marchand. Il donne des ordres à ses hommes, mais comme il est très énervé, il ne les donne pas dans le bon ordre!

... Pour finir, nous allons prendre les canons!

... Dépêchez-vous! Il faut d'abord vider les cales!

... Allons, du courage! Il n'y a plus qu'un seul canon à transporter!

... Maintenant, c'est terminé. Nous allons pouvoir faire la fête!

... Allez, allez! Plus que trois caisses à transporter!

Mets le numéro 1 devant l'ordre qui doit venir en premier. Puis le numéro 2 pour le second. Et ainsi de suite jusqu'au numéro 5 pour le dernier ordre!

5 Imagine...

Tu es prisonnier du capitaine Canon.
Il t'a enfermé dans une prison souterraine.
Tu dois passer dans un labyrinthe pour pouvoir sortir...

Ce labyrinthe est gardé par des monstres.
Tu es assez fort pour supprimer onze monstres, mais pas un de plus!
Si tu en rencontres un douzième, c'est lui qui te supprimera!

Quand tu supprimes un monstre, barre-le sur le plan de la page 64. A toi de trouver le bon chemin!
Et souviens-toi... Pas plus de onze monstres!
Attention ! Si tu passes juste à côté d'un monstre, tu es obligé de le supprimer !

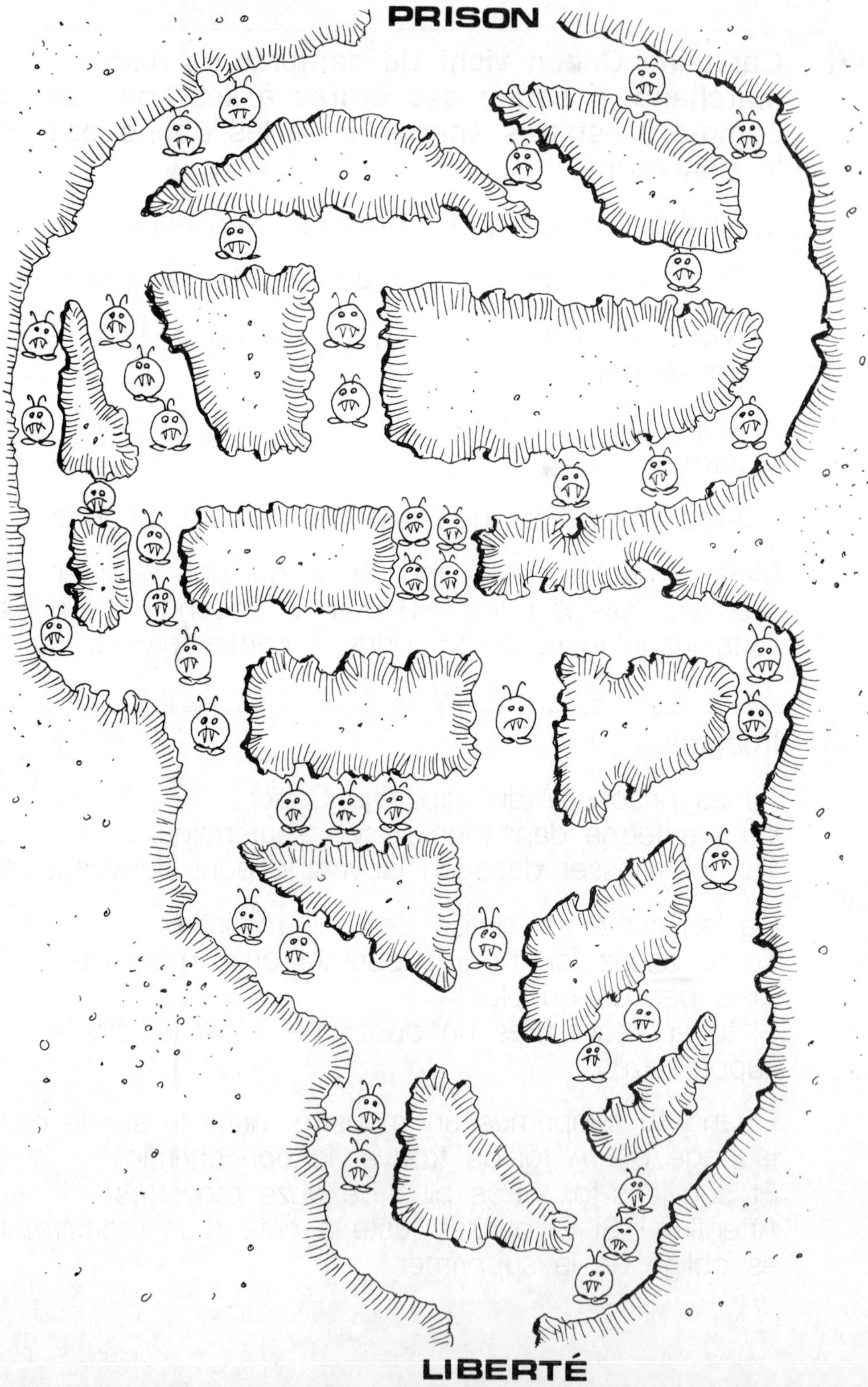
PRISON
LIBERTÉ

LES PROBLÈMES CONTINUENT!

1 Voici une petite liste d'adjectifs:

gros, jeune, libre, captif, laid, riche, maigre, gentil, rusé, vieux, rare, pauvre

Complète les phrases en utilisant un adjectif de cette liste:

Jean-Christophe n'est pas méchant, il est ____________.

Capitaine Canon n'est pas beau, il est ____________.

Son bateau n'est pas neuf, il est ____________.

Le crocodile n'est pas libre, il est ____________.

2 Écris un adjectif sous chaque dessin (choisis-le dans la liste du n° 1).

____________ ____________ ____________ ____________

3 Chez les êtres humains, il y a le père, la mère et les enfants. Chez les animaux, il y a le mâle, la femelle et les petits.

A toi de compléter le tableau de la page 66 (utilise la liste qui se trouve en dessous du tableau).

Le mâle	La femelle	Le petit
le chien		le chiot
	la chatte	
le cheval		
le taureau	la vache	
	la poule	
le porc		le porcelet

L'éléphanteau — la truie — le veau — le chameau — la jument — la guenon — la chienne — le lapereau — le coq — le chat — le poussin — le poulain — le chaton.

4 Quelque chose d'effrayant fait peur. On a envie de se sauver! Par contre, quelque chose de rassurant ne fait pas peur...

Si la phrase est effrayante, colorie le rond en rouge.
Si la phrase est rassurante, colorie-le en bleu.

○ Un gros rat poilu s'approche de moi...

○ Avant de m'endormir, j'embrasse mon gros nounours en peluche.

○ Je monte dans une voiture. Soudain, la portière tombe par terre!

○ Au milieu de la nuit, j'entends des bruits effrayants sous mon lit!

○ J'ai fait un horrible cauchemar. Heureusement, maman vient me consoler.

○ Je suis perdu dans la forêt. Tout à coup, j'aperçois mon grand frère entre deux arbres!

---

5 Voici quatre dessins. Le dessinateur a oublié de dessiner la bouche et les yeux. A toi de le faire! Mais attention! Tu dois respecter les expressions indiquées!

Pour t'aider, voici quelques modèles:

les yeux

la bouche

Maintenant, applique-toi!

Il est gentil. | Elle est méchante! | Il est étonné. | Elle est triste.

6 Utilise des mots de l'histoire pour compléter les phrases.

Un de mes oncles a très mauvais ____________.

Le téléphone sonne. Veux-tu ____________?

Un petit garçon vient de tomber. De grosses ________ coulent sur ses joues.

Ce placard est plein de vieilles choses inutiles. Nous devons nous en ____________.

OUF !

1 Observe bien le dessin de cet aquarium.

Maintenant, voici huit phrases.
Si la phrase est vraie, écris un V devant.
Si la phrase est fausse, écris un F.

... Douze poissons vivent dans cet aquarium.

... Les plantes montent jusqu'à la surface de l'eau.

... Il y a trois espèces différentes de poissons.

... Au moins quatre poissons regardent dans la même direction.

... L'aquarium est rempli au maximum.

... Plusieurs coquillages cohabitent avec les poissons.

... Il y a un appareil spécial pour faire des bulles.

... La température de l'eau est de vingt-six degrés.

Quand tu auras un peu de temps libre, colorie le dessin.

2 **Dans notre histoire, Justice utilise des grenouilles pour prévoir le temps. Les hommes utilisent souvent des animaux. Par exemple, on utilise :**

Les grenouilles	pour garder la maison.
Les chiens	pour transporter des arbres.
Les chevaux	pour avoir des œufs.
Les vaches	pour transporter des messages.
Les poules	pour faire des courses.
Les pigeons	pour avoir du lait.
Les éléphants	pour prévoir le temps.

Es-tu d'accord avec moi? Si oui, c'est que tu ne connais pas très bien les animaux!! Si non... essaie de retrouver le travail de chaque animal!

3 **Complète les phrases en recherchant les mots dans l'histoire.**

Il ne faut pas jeter des ____________ n'importe où! C'est trop dangereux!

Ma petite cousine n'a que deux ans mais elle se

____________ déjà toute seule pour manger avec une cuiller.

Comment? Tu as six frères et huit sœurs? Quelle

____________!

4 **Justice veut vendre le crocodile au zoo. Avec l'argent, elle achètera du matériel pour son bateau.**

Tous les soirs, elle regarde son catalogue pour choisir ce qu'elle va acheter.

Voici une page de ce catalogue:

1. 1 grande voile, pur coton extra solide
   8 × 12 mètres .... 15 pièces d'or.
2. 1 canon en bronze monté sur chariot
   en bois. Garanti 10 ans .... 20 pièces d'or.
3. 1 lot de 12 boulets en fer .... 5 pièces d'or.
4. 1 baril de poudre noire, 20 kilos ...... 2 pièces d'or.
5. 1 hamac pour cabine, très confortable
   100 % coton, ne rétrécit pas au
   lavage .... 2 pièces d'or.
6. 1 lot de 12 serpillères extra-solides
   pour laver le pont .... 1 pièce d'or.
7. 1 coffre en bois, armatures métal,
   fermeture à combinaison secrète .... 8 pièces d'or
8. lot de 3 tonneaux, 100 litres chacun . 12 pièces d'or.
9. Paire de pistolets d'abordage, très
   beau travail italien .... 25 pièces d'or.
10. Lot de 150 cartouches .... 4 pièces d'or.
11. Spécial promotion: 1 sabre +
    1 poignard .... 8 pièces d'or.
12. Trousse de pharmacie pour premiers
    secours aux blessés .... 3 pièces d'or.

Dans cette page de catalogue, quel est l'article le plus cher? ______________________.

Quel est l'article le moins cher? ______________.

Combien d'articles proposent des armes (sans compter les munitions) ? __.

Justice veut acheter les articles n°s 7, 3, 10, 5 et 6.

Combien va-t-elle payer ?

__ + __ + __ + __ + __ = __ pièces d'or.

Tu as le droit de dépenser 40 pièces d'or. Choisis ce que tu veux !

Article n° __ Prix: __

Article n° __ Prix: __

Article n° __ Prix: __

Article n° __ Prix: __

Article n° __ Prix: __

Article n° __ Prix: __

Article n° __ Prix: __

Article n° __ Prix: __

TOTAL: __ pièces d'or.

UN VRAI FESTIN

1 Quand on fait un festin, on mange de très très bonnes choses.

Quel plat salé préfères-tu? ______________________

Quel plat sucré préfères-tu? ______________________

Quel plat salé détestes-tu? ______________________

Quel plat sucré détestes-tu? ______________________

2 Pour remplir ce tableau, écris oui ou non dans les cases. Normalement, tu n'as pas besoin d'autres explications!

			On le mange		On peut en acheter	
	Fruit	Légume	cuit	cru	1 seul	plusieurs
petits pois						
prunes						
melon						
asperges						
cacahuètes						
pastèque						
figues						
ananas						
chou-fleur						

3 Dans chaque phrase, il y a un mot qui n'est pas à sa place. Souligne-le.

1. En été, la lumière attire beaucoup d'échelles.

2. Hier, je suis allé au cinéma. Malheureusement, il y avait un homme très grand assis juste devant moi! Et en plus, il n'arrêtait pas de croquer des grenouilles! Quel bruit infernal!

3. Chère madame, votre repas était délicieux! Un vrai tapage!

4. Je crois que j'ai beaucoup trop mangé... Je commence à avoir mal au dos.

Tu vas remplacer chaque mot souligné par un autre mot. Cet autre mot, tu dois le chercher dans l'histoire.

1. Je remplace le mot ________________ par le mot ________________.

2. Je remplace le mot ________________ par le mot ________________.

3. Je remplace le mot ________________ par le mot ________________.

4. Je remplace le mot ________________ par le mot ________________.

4 Un festin se termine souvent par un excellent gâteau. Voici donc une recette pour réaliser un bon dessert:

Prendre six œufs frais. Séparer les blancs des jaunes et les garder dans deux bols différents.

Faire fondre 250 grammes de chocolat noir dans une casserole.
Ajouter un petit pot de crème fraîche et 125 grammes de beurre. Bien mélanger avec une cuiller en bois.
Ajouter ensuite les jaunes d'œufs. Mélanger délicatement de manière à obtenir une pâte lisse.

Laisser reposer quelques minutes.

Pendant ce temps: mettre les blancs d'œufs dans un compotier. Ajouter une pincée de sel et battre vigoureusement avec un fouet ou un mixeur.
Quand les blancs sont montés en neige, les mélanger très lentement avec le chocolat fondu.
Verser l'ensemble dans un plat beurré.

Mettre dans le four thermostat 8, pendant 30 minutes environ.

Pour réaliser cette recette, tu as besoin de plusieurs ustensiles. Mets une croix devant ceux dont tu as besoin. Barre ceux dont tu n'as pas besoin.

une cocotte-minute
un compotier
une passoire
une cafetière
des bols
une louche
un plat allant au four
une assiette
un saladier
une carafe
un plat en plastique
un mixeur
une casserole
une cuiller en bois

Tu as également besoin de différents ingrédients. Fais une croix devant ceux dont tu as besoin. Barre les autres.

du beurre
de la farine
du chocolat au lait
du sel
de la neige
de la crème fraîche
du lait
des œufs
du fromage
du poivre
du chocolat noir
du yaourt

Maintenant, tu as tout ce qu'il te faut! Alors bon courage et bon appétit!

BIEN LOIN DE LÀ...

1 Voici un magicien un peu spécial.
Il peut transformer un chat en châtaigne,
mais pas en marron!
Il peut transformer un loup en louche,
mais pas en cuiller!

Si tu as compris le mystère de ce magicien, tu trouveras facilement le résultat de ces transformations:

Il transforme...	en...
un chat	poisson
un balai	poulet
un pois	pintade
un pou	chameau
un K	baleine
un pain	cigogne
une scie	canard

2 Monsieur Gropanopinou n'est pas content parce que trop de gens regardent la télévision. Ils allument souvent le poste sans savoir si l'émission est intéressante ou non.

Et toi? Sais-tu lire un programme de télévision?
C'est ce que nous allons voir...
Voici le programme du samedi 12 avril, pour trois chaînes seulement:

TF1		A2		La 5	
6 h 45	Bonjour la France	**6 h**	Série: le voleur aux dents rouges	**6 h 15**	Série: Supervélo contre maxitrottinette
7 h 30	Informations	**6 h 45**	Debout tout le monde!	**7 h**	Jeu: La choucroute au caviar
8 h	Les rendez-vous de Marie-Claire	**7 h 30**	Informations	**7 h 45**	Informations
10 h	La cuisine à domicile: le lapin aux fraises	**8 h 15**	Au bout du monde Reportage: la vie des asticots	**8 h**	Météo
11 h	Librairie	**9 h**	Le livre de la semaine	**8 h 15**	Résumé des événements sportifs de la semaine
11 h 30	Documentaire: Les fourmis cannibales de Gray	**9 h 30**	Série: Les enquêtes de l'inspecteur Foufou	**9 h**	Série: Avec ou sans sucre?
12 h	Jeu: La brouette magique	**10 h 15**	Décorez votre maison: les bouquets	**9 h 40**	La foire aux chansons
12 h 30	Série: L'homme aux dents molles	**11 h**	Informations	**10 h**	Les petites casseroles: canard à l'orange
13 h	Journal	**11 h 15**	Jeu: Crabe-cadeau	**10 h 50**	Série: Police des égouts
		11 h 45	Documentaire: La cueillette du café en Côte-d'Ivoire	**11 h 55**	Jeu: Clop, clop et Clopinette
		12 h 30	Jeu: Crabe-cadeau	**12 h 45**	Météo
		13 h	Journal	**13 h**	Journal

Si tu as bien compris cette page de programmes, tu pourras facilement répondre aux questions suivantes:

Quelle est la chaîne qui commence le plus tôt? ____

Sur quelle chaîne y a-t-il le plus d'émissions? ____

Quelle chaîne propose un reportage sur la vie des asticots?
____

A quelle heure passe cette émission? ____

TF1 propose une émission sur les livres. Quel est le nom de cette émission? ____________

Combien de temps dure-t-elle? ________

Écris le nom de trois émissions que tu pourrais voir l'une après l'autre, en changeant de chaîne si tu veux:

____

____

____

Sur A2, combien y a-t-il d'émissions entre 6 h 45 et 10 h 15? __

Y a-t-il des informations sur toutes les chaînes? ____

3 Observe bien ces quatre dessins:

1

2

Le premier dessin représente un ____________ déguisé en ____________.

Le second, c'est une ____________ déguisée en ____________.

Le troisième dessin représente une ____________ déguisée en ____________.

Quant au dernier, il s'agit d'un ____________ déguisé en ____________.

Pour compléter ces phrases, tu peux utiliser les mots suivants: chien — cheval — requin — ours — poule — tigre — vache — loup — serpent — épicier — infirmière — instituteur — policier — gangster — cosmonaute.

LA VIE AU CIRQUE

1 **Pour assister au spectacle du cirque, il faut acheter un billet. Le prix d'un billet adulte est de quarante francs. Le prix d'un billet enfant est de vingt-cinq francs.**

Combien va payer cette famille? ____________

2 **Lucette-Marie va compter sa recette. Veux-tu l'aider?**

Voici l'argent qui se trouve dans la caisse:

Pour compter la recette, Lucette-Marie utilise un petit tableau. A toi de le remplir.

	Nombre de billets	Francs		Nombre de pièces	Francs
500 francs			10 francs		
200 francs			5 francs		
100 francs			2 francs		
50 francs			1 franc		

Total en billets ______ Total en pièces ______

Recette totale (billets + pièces) ________

---

3 Pour chaque expression, il y a trois explications. Une seule est bonne. Barre celles qui sont fausses.

Ce garçon est un vrai <u>casse-pieds</u>!

- Il est très gentil.
- Il est énervant.
- Il travaille beaucoup

Tu sais conduire un hélicoptère? <u>Mon œil</u>!

- Je ne te crois pas.
- Tu as de la chance.
- Moi aussi.

C'est une mauvaise langue.	Il n'aime pas les bonnes choses. Il est souvent malade. Il dit du mal des autres.
Cette fille a bon cœur.	Elle court très vite. Elle est généreuse. Elle est en bonne santé.
Il fait des pieds et des mains pour avoir un vélo neuf.	Il fait de l'équilibre sur son vélo neuf. Il insiste beaucoup pour avoir un vélo neuf. Il refuse son vélo neuf.

4 Il y a un mot bizarre dans chaque phrase. Souligne-le.

1. Pour mon anniversaire, mon oncle m'a offert un pied de cinquante francs.

2. A l'intérieur de l'église, il y a d'énormes gorilles en pierre.

3. J'aime bien faire des grimaces pour boire ma petite sœur.

4. Ce soir, c'est toi qui fais la vaisselle. Et surtout ne casse pas toutes les additions!

Tu dois remplacer chaque mot souligné par un mot pris dans l'histoire.

Dans la phrase 1, je remplace ____________ par ____________.

Dans la phrase 2, il faut écrire ____________ à la place de ____________.

Dans la phrase 3, le mot ____________ remplace ____________.

Le mot ____________ doit remplacer ____________ dans la phrase 4.

---

5 **Pour monter ou démonter un cirque, il faut être bon en mécanique. Saurais-tu retrouver les pièces qui vont ensemble?**

EXEMPLE

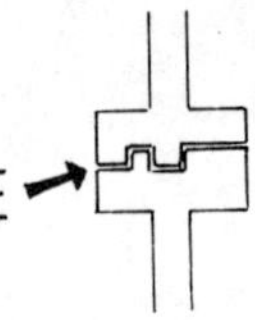

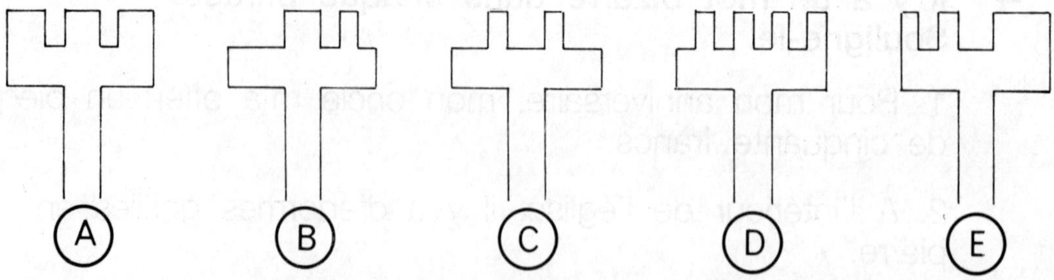

UN AMOUREUX TRÈS ENCOMBRANT!

1 **Si Lucette-Marie se mariait avec Archibald, ils auraient de drôles d'enfants! Ce seraient des goricodiles (moitié gorille, moitié crocodile)!**

Imaginons un zoo un peu bizarre... Trois bébés étranges viennent de naître. Il y a une élérafe, un autruléon et un petit tigrocéros. A ton avis, qui sont les parents de ces petits? Tu as le choix entre: le rhinocéros, l'éléphant, le caméléon, le tigre, l'autruche et la girafe.

L'élérafe est née d'un ____________ et d'une ____________.

L'autruléon a pour père un ____________ et pour mère une ____________.

Le ____________ et le ____________ ont eu un petit tigrocéros.

Voici le dessin de ces trois bébés. Écris leur nom.

____________ ____________ ____________

Maintenant, à toi d'inventer le nom de deux bébés bizarres. Pour t'aider, voici quelques animaux du zoo: le chameau, la gazelle, l'hippopotame, le léopard, la panthère, le gorille, le serpent, la louve, le zèbre...
Mais tu peux aussi choisir des animaux qui ne vivent pas dans les zoos: le cheval, la vache, le taureau, le cochon d'Inde, la tortue...

Le ____________ est né d'un ____________ et d'une ____________.

Le ____________ est né d'un ____________ et d'une ____________.

---

2 Il y a de l'argent sur ces quatre tables:

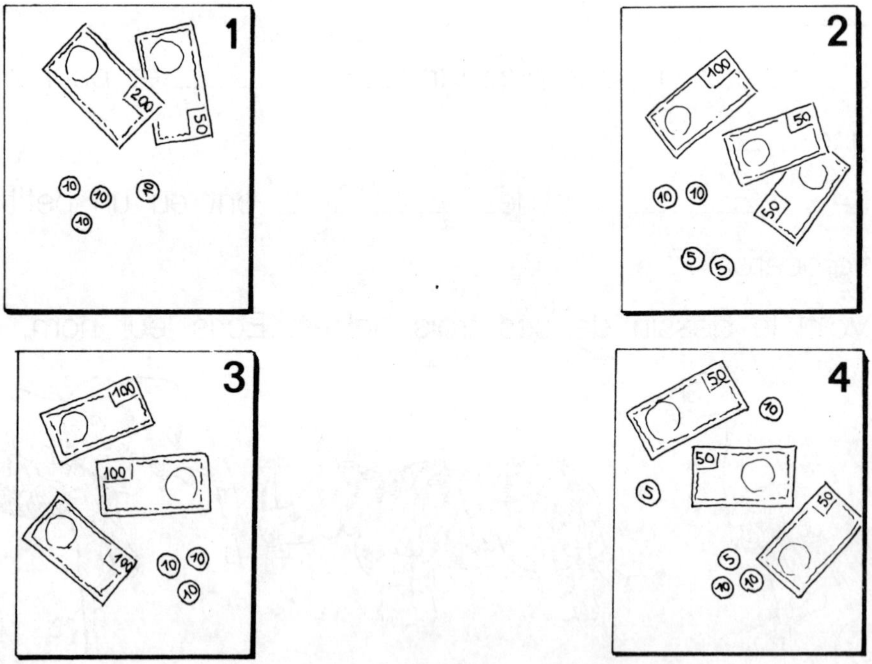

Sur quelle table y a-t-il le plus d'argent? __
Sur quelle table y a-t-il le moins d'argent? __
Sur quelle table y a-t-il le plus de pièces? __

Voici une table vide. Dessine des pièces et des billets pour faire la somme de 295 francs.

295 F

3 Archibald aime bien faire des cadeaux. Malheureusement, il ne les choisit pas toujours très bien...

Voici une liste d'objets.

	1	2	3		1	2	3
un bouquet de fleurs				une plante verte			
un stylo				un kilo de tomates			
un tube de colle				une peau de banane			
une bague avec un diamant				un collier de perles			
un briquet en or				une chaussette			
un pneu				un dessin			
une chemise				un élastique			
une boule de neige				une claque			
un noyau de pêche				un vélo			

Si c'est un beau cadeau, colorie la case 1. Si le cadeau est moyen, colorie la case 2. Si le cadeau est nul, colorie la case 3.

Parmi tous ces cadeaux, lequel coûte le plus cher?

____

Lequel peut-on offrir à une dame? ____________

A un monsieur? ____________

A un enfant? ____________

Choisis les trois cadeaux que tu préfères:

1. ____________ 2. ____________ 3. ____________

Depuis que tu es né, tu as déjà reçu des cadeaux.

Lequel t'a fait le plus plaisir? ________________

Quand l'as-tu reçu? ________________

Quel est le cadeau que tu aimerais le plus recevoir?

____

---

4 Il y a un mot bizarre dans chaque phrase. Souligne-le.

Tu dois remplacer chaque mot bizarre par un mot de l'histoire. Quand tu as trouvé ce mot, écris-le au bout de chaque phrase.

Pendant la leçon de gymnastique, nous avons appris à utiliser un kangourou. ____________

J'aime bien Antoine. C'est un garçon très clignotant.

____

On m'a dit que José est malade de Fatima. C'est vrai?

____

J'étais tranquillement en train de nager dans la mer lorsque j'ai vu une grosse méduse s'approcher de moi!

Elle pesait au moins cinquante kilos! ______________

---

5 Maintenant, pour nous détendre, nous allons dessiner une belle majuscule.

Tu es ravi, n'est-ce pas? Il s'agit du M majuscule.

M

COMMENT S'EN DÉBARRASSER?

1 **Voici le calendrier du mois d'avril:**

	L 6	L 13	L 20	L 27
	M 7	M 14	M 21	M 28
M 1	M 8	M 15	M 22	M 29
J 2	J 9	J 16	J 23	J 30
V 3	V 10	V 17	V 24	
S 4	S 11	S 18	S 25	
D 5	D 12	D 19	D 26	

Aujourd'hui, nous sommes le mardi 7 avril. Entoure cette date sur le calendrier.
Hier, monsieur Gropanopinou a acheté un zèbre pour la ménagerie.
Dans quatre jours, c'est l'anniversaire de Lucette-Marie.
Le lendemain de cet anniversaire, le cirque s'installera à Montpellier.
Chaque dimanche, Lucette-Marie s'offre un kilo de sardines bien fraîches.
Chaque jeudi, Archibald a droit à un régime de bananes entier!

Quel jour est le premier avril? ____________

Quel est le dernier jour de ce mois? ____________

Quel est le jour de l'anniversaire de Lucette-Marie?

____

Quelle est la date d'achat du zèbre? ____________

Au mois d'avril, Archibald mangera plusieurs régimes de bananes. Combien? ___

Combien de kilos de sardines Lucette-Marie pourra-t-elle dévorer? ___

A quelle date le cirque arrivera-t-il à Montpellier?

___

---

2 Lucette-Marie se pose beaucoup de questions à propos de son cousin Jean-Christophe. Peux-tu lui donner quelques réponses?

Réponds par oui, non, bien ou mal.

Ma carte est-elle arrivée? ___

Jean-Christophe est-il parti? ___

A-t-il traversé la mer à la nage? ___

Comment se passe son voyage? ___

Est-il tombé aux mains des pirates? ___

A-t-il été blessé? ___

Comment a-t-il été traité? ___

3 Complète les phrases en prenant des mots dans l'histoire.

Papa ne sait pas comment se ____________ de sa vieille voiture.

Quand mon cousin a un ____________, il trouve toujours une solution car il est très ____________.

Certains champignons contiennent un ____________ très dangereux.

Mes parents veulent ____________ que je range ma chambre tous les jours.

Mon voisin de classe me dérange souvent. Je le trouve un peu ____________.

Pour être ____________, il faut être un bon navigateur.

4 Il y a beaucoup de vieilles choses dans cette cave. Observe bien ce dessin.

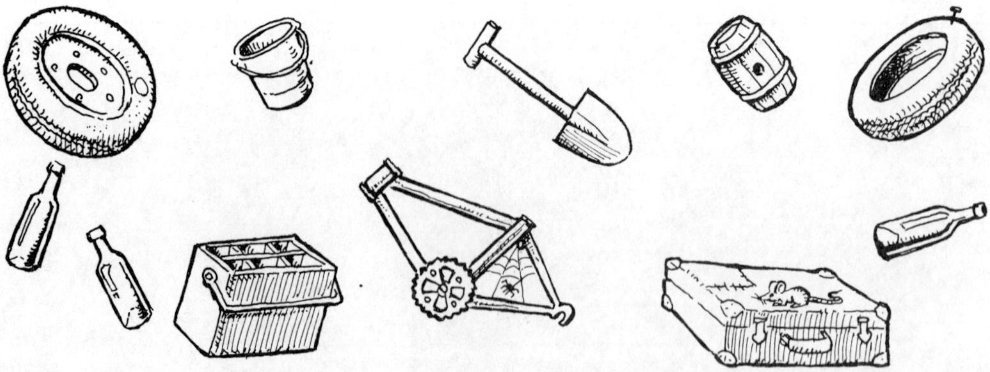

Voici une liste d'objets. Barre ceux qui ne sont pas sur le dessin.

- un casier à bouteilles
- une paire de bottes trouées
- un pneu usé
- des bouteilles vides
- un costume
- un ordinateur
- un squelette
- une pelle avec un manche cassé
- une vieille valise
- un cadre de vélo
- un petit tonneau percé
- un seau rouillé
- une machine à laver
- une armoire
- un matelas
- une roue de voiture

Tu dois mettre tous les objets dessinés dans une grande malle. Découpe-les et colle-les dans la malle. Ils doivent tous tenir, même si la malle déborde un peu. Attention: ils ne doivent pas tomber! Je te conseille de trouver un bon rangement avant de coller les images!

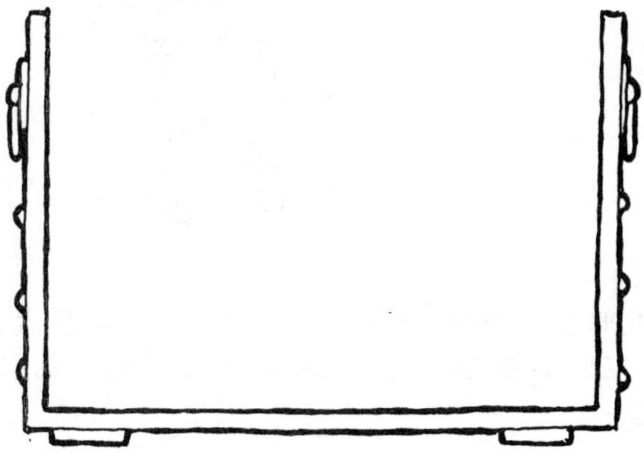

VISITE AU ZOO

1 Bonjour, Isa! dit la voisine. Bonjour, cela veut dire: Je te souhaite un <u>bon jour</u>.

C'est la même chose pour: bonsoir, bon appétit, bonne nuit, bon voyage, bonne chance, bon courage...
Regarde bien ces cinq dessins:

Dans chaque dessin, un personnage a une bulle où tu dois écrire ce qu'il dit. Par exemple:

Pour remplir les bulles, choisis dans la liste qui se trouve au début de l'exercice. Bonne chance! Et bon courage!

2 **Isa revient du marché. Elle étale tous ses achats sur la table de la cuisine.**

Voici ce qu'elle devait acheter: tomates, melon, fraises, asperges, pommes de terre, choux-fleurs, oranges, radis.

Elle a donc oublié d'acheter les ____________ et les ____________.

Voici la liste de ses achats. Peux-tu la compléter?

Un kilo de ____________ (9 francs)

Une botte de ____________ (4 francs)

Un ____________ (12 francs)

Deux ____________ (8 francs pièce)

Deux kilos d'____________ (10 francs le kilo)

Une barquette de ____________ (9 francs)

Fais les comptes. Pour chaque nom, écris le prix payé.

Tomates	...
Radis	...
Melon	...
Choux-fleurs	...
Oranges	...
Fraises	...
TOTAL	...

Isa est partie avec un billet de cent francs. Peux-tu me dire combien d'argent elle va rapporter? ________

---

3 Il y a un mot bizarre dans chaque phrase. Souligne-le (tu ne dois souligner qu'un seul mot par phrase).

Hier, j'ai repassé un kilo de pommes pour faire une tarte. ____________

En revenant du cinéma, nous ferons un poulet par la boulangerie. ____________

La grosse clé rouillée tourne dans la rue de la porte.

____

Dimanche dernier, je suis allée voir mon haricot à l'hôpital. ____________

Il faut remplacer le mot souligné par un mot de l'histoire. Quand tu l'as trouvé, écris-le à la fin de la phrase.

---

4 Un bon marchand peut calculer très rapidement. Veux-tu essayer?

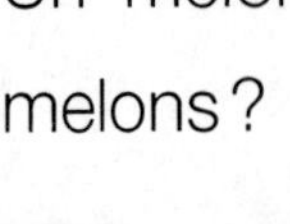

Un melon pèse un kilo. Combien pèsent tous ces melons? ____________

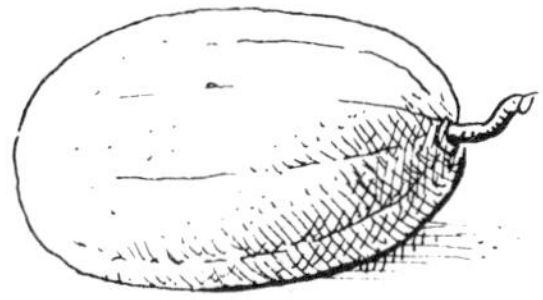

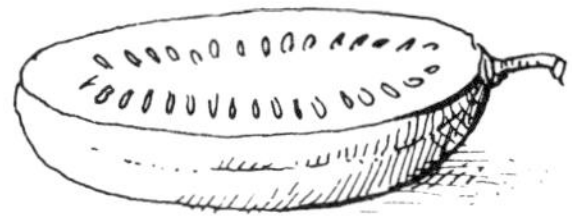

Une pastèque coûte 40 francs. Combien coûte cette moitié de pastèque? ____________

Six tomates pèsent un kilo. Combien pèse ce cageot de tomates? ____________

5 Et pour finir, voici une superbe majuscule!

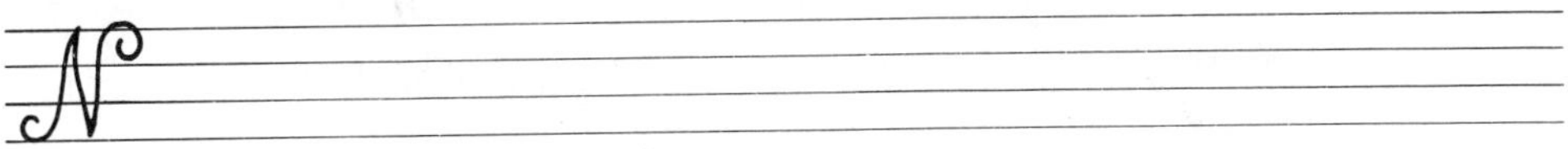

ENVOLÉ!

1 **Voici une carte du monde. On y a indiqué les cinq continents.**

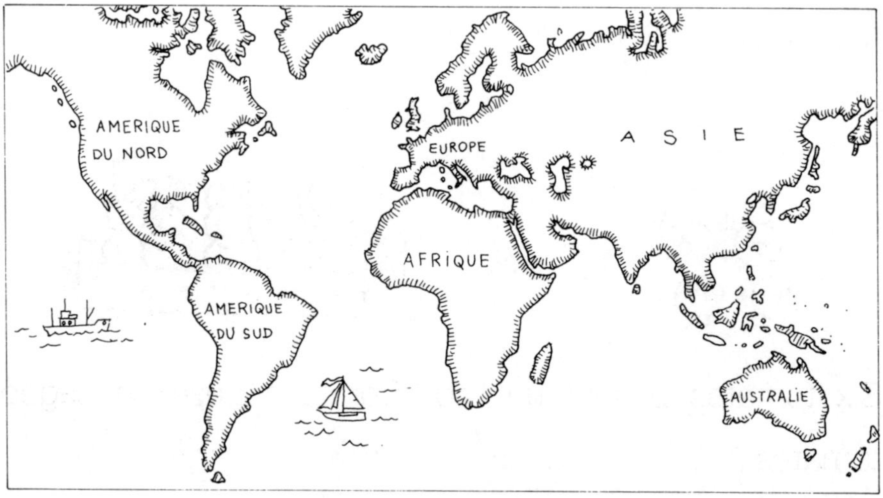

Sur cette autre carte, on a indiqué les continents où vivent certains animaux sauvages.

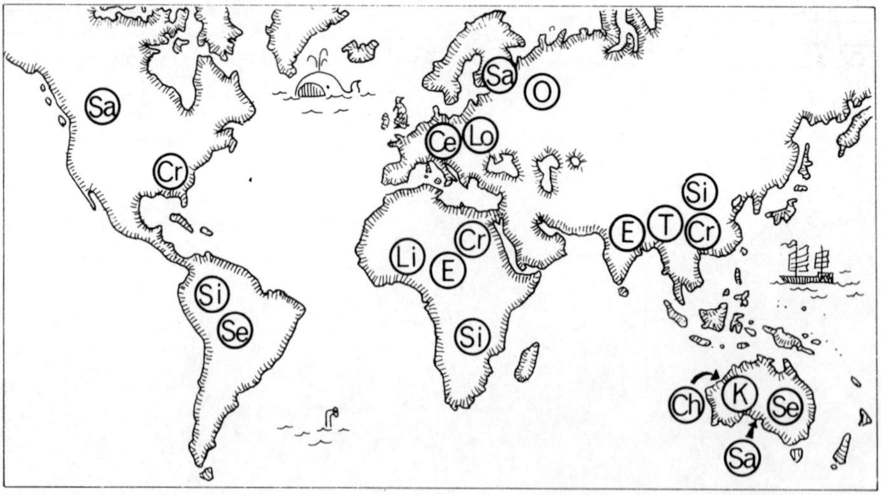

(Li) Lion
(Lo) Loup
(E) Eléphant
(O) Ours
(Cr) Crocodile
(Ch) Cheval
(Ce) Cerf
(K) Kangourou
(Se) Serpent
(Si) Singe
(Sa) Sanglier
(T) Tigre

Afrique: lion, éléphant, crocodile, singe.
Asie: tigre, éléphant, singe, crocodile.
Europe: loup, ours, cerf, sanglier.
Amériques: crocodile, singe, sanglier, serpent.
Australie: serpent, kangourou, cheval, sanglier.

En observant ces deux cartes, tu pourras remplir le tableau suivant. Écris oui ou non dans chaque case.

	Afrique	Asie	Amériques	Australie	Europe
Lion					
Tigre					
Loup					
Éléphant					
Ours					
Singe					
Sanglier					
Serpent					
Crocodile					
Cerf					
Kangourou					
Cheval					

2 Pour dessiner un éléphant, ce n'est pas très difficile. On peut le faire très simplement, comme ça:

Maintenant, à toi de compléter ces dessins. Mais attention! Tu dois respecter la position indiquée!

Ces deux éléphants sont face à face:

Ceux-là se tournent le dos!

Ces deux éléphants partent vers la droite:

3 Dans chaque phrase, il y a un mot bizarre. Souligne-le.

Le dimanche, il y a de nombreux ministres dans le zoo.

La police a fermé la route avec une cacahuète.

____

Dans le parc, il y a un grand chapeau avec des nénuphars. ____________

Quand elles sont à l'étable, les vaches adorent manger du nougat. ____________

Remplace les mots bizarres avec un mot de l'histoire.
Écris ce mot à la fin de chaque phrase.

---

4 Ces dessins ont été faits dans le zoo, à l'heure du repas.

Malheureusement, le dessinateur a séparé les animaux de ce qu'ils mangeaient.

A toi de compléter les dessins en découpant et en collant la nourriture près de l'animal correspondant. Tu as le choix entre: une souris, un poisson, une guitare, une banane, du foin, un pneu, un gros morceau de viande crue, de la barbe à papa.

Mais attention! Le lion ne mange pas de foin et l'otarie n'aime pas beaucoup les bananes...

SUR LE CHEMIN DU RETOUR

1 **Isa et son oncle écoutent les bruits de la ville. Et il y en a beaucoup! En voici une petite liste:**

	Note
Un pétard explose dans la rue.	...
Le train entre en gare.	...
Un chien dort dans une voiture en stationnement.	...
Un vélo passe à côté de moi.	...
Un camion de pompiers met sa sirène en marche.	...
Les nuages glissent dans le ciel.	...
Les cloches de l'église sonnent huit heures.	...
Le moteur d'une voiture tourne au ralenti.	...

Tu dois noter tous ces bruits de 0 à 5. 0 pour un bruit très très faible. 5 pour un bruit très très fort. Utilise toutes les notes de 0 à 5. Tu peux utiliser plusieurs fois la même note.

Ajoute trois bruits de la rue:

____

____

____

Essaie de te souvenir... De tous les bruits que tu as déjà entendus, lequel était le plus fort? (Raconte comment cela s'est passé sur une feuille ou un cahier et lis-le à tes camarades.)

2 Portraits...

1. Elle a huit longues pattes et un gros ventre. Elle guette sa proie, cachée dans le coin d'une fenêtre ou sous un escalier... Dans sa grande toile, elle attrape des mouches, des moustiques et parfois des hélicoptères. Elle n'est pas méchante, mais on ne l'aime pas beaucoup...

2. Elle trotte et traverse les pièces à toute vitesse. On n'a pas vraiment peur d'elle, mais on préfère ne pas l'avoir à la maison! Elle fait des trous partout: dans les murs, dans les meubles, dans le linge et surtout... dans le fromage! Elle a des poils blancs ou gris, de longues moustaches et une petite queue en tire-bouchon.

3. Cette dame est presque toujours en vacances. On la voit sautiller sur la plage, été comme hiver. Elle joue avec les vagues et des coups de vent l'emportent haut dans les nuages. Parfois, elle attrape des coquillages et elle les déguste tranquillement avec ses pattes de devant.

4. Sa vie est bien tranquille. Il dort, roulé en boule dans son panier. Puis il se lève pour aller laper un peu de lait ou de whisky dans son écuelle. Quand la nuit arrive, monsieur se réveille tout à fait. Il file par la fenêtre et part à l'aventure, sur les toits ou dans les jardins. Ça dépend si ce monsieur habite à la ville ou à la campagne!

En lisant les portraits, tu as peut-être remarqué quelque chose de bizarre. Certains mots ne devraient pas être là! Barre-les.

As-tu reconnu de qui je parlais? Si oui, dessine les animaux dont je parle dans les cadres de la p. 105.

Voici quelques modèles:

1 2 3 4

---

3 On peut écrire beaucoup de mots avec les lettres du mot CHEMIN. En voici quelques-uns:

Avec deux lettres: Note de musique: . .

Avec trois lettres: Intérieur du pain: . . .

Avec quatre lettres: Bout du crayon: . . . .

Avec cinq lettres: Maison du chien: . . . . .

Avec six lettres: Petite route de campagne: . . . . . .

---

4 Complète les phrases avec des mots du texte:

____________ en France! annonce le président à son visiteur.

Quand il pleut beaucoup, les ____________ débordent.

Notre voisin a beaucoup de ____________ parce que ses deux enfants sont malades.

Une grosse ______________ dévore lentement une belle feuille de laitue.

---

5 Et maintenant, voici l'exercice que tu attends avec tellement d'impatience! Le O majuscule! Quelle chance!

O

UN VRAI CAUCHEMAR!

1 Tu es un champion (ou une championne!) de course à pied.

Ce que tu préfères, c'est courir dans la campagne. Là au moins, il n'y a ni voitures ni fumées! Demain, tu vas faire une grande course. Tu devras courir bien sûr, mais aussi sauter, escalader, nager.
Voici ton parcours:

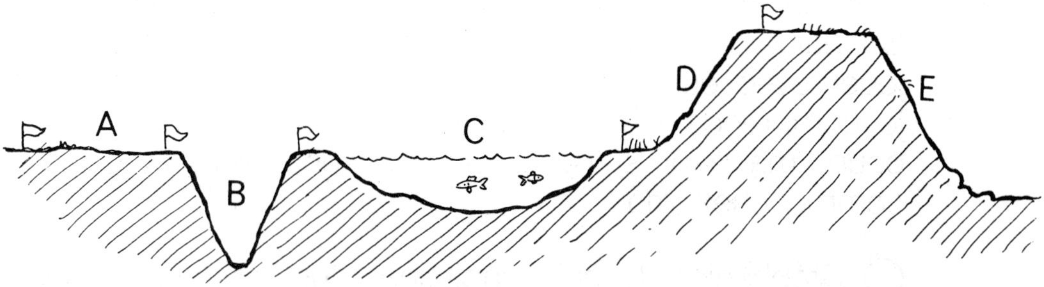

Que pourras-tu faire sur chaque partie délimitée par deux drapeaux? (Barre les verbes que tu ne feras certainement pas.)

Partie A: nager — courir — marcher — descendre — escalader

Partie B: marcher — sauter — reculer — bondir — ramper — rouler

Partie C: courir — sauter — nager — escalader — plonger — flotter

Partie D: descendre — escalader — dégringoler — couler — bondir

Partie E: marcher — sauter — tomber — nager — dégringoler — ramer

2 Des amis te racontent un rêve. A ton avis, s'agit-il d'un rêve ou d'un cauchemar?

○ Mohamed: Je rêve que je suis à table. Je mange des huîtres. Soudain, une huître se met à grossir... à grossir... Elle m'arrose de citron et gloup! C'est elle qui me gobe!

○ Alberta: J'arrive dans un pays inconnu. J'ai très peur parce que je ne connais personne. En plus, je ne parle pas la même langue que ces gens-là. J'entre dans la cour de l'école. J'avance tout doucement. Soudain, des enfants m'entourent. Ils me proposent de jouer avec eux. Je ne comprends pas leurs mots, mais je comprends leur gentillesse et leurs sourires. Tout à coup, ma peur s'envole. Je me sens bien. Presque comme chez moi!

○ Stéphanie: Je suis capitaine d'un vaisseau spatial. Soudain, mes réacteurs tombent en panne et je m'écrase sur une planète inconnue. Des monstres bleus m'attaquent aussitôt! Ils veulent me découper en morceaux et me faire cuire avec de la sauce tomate! Je cours... Je cours... Soudain je trébuche et je m'écrase en plein sur... mon oreiller!

○ Luc: Je n'ai pas appris ma leçon et le maître commence à interroger les élèves. Je tremble dans mes chaussettes car mon maître est très sévère! Soudain, catastrophe! Il m'interroge! J'avance lentement vers le tableau lorsque... Miracle! Un petit oiseau invisible se pose sur mon épaule. Il répond à ma place et le maître ne s'en rend pas compte. « Bravo! me dit le maître. Tu as 20/20. » Toute la classe m'applaudit. Le directeur vient m'offrir un bouquet de fleurs. Même le président

me rend visite pour me féliciter! Il me tape gentiment sur l'épaule... Tout à coup, je me réveille. Ce n'est pas le président de la République, c'est ma maman!
— Allons, mon petit. Debout! C'est l'heure d'aller en classe!

Devant chaque prénom, il y a un rond. S'il s'agit d'un rêve, colorie ce rond avec une couleur claire. S'il s'agit d'un cauchemar, colorie d'une couleur sombre.

---

3 Justice veut vendre Jean-Christophe. Elle discute avec Gaëtan, le gardien du zoo:

... *Cent pièces d'or, ce n'est pas assez. Disons cent cinquante.*

... Bonjour, madame. Que voulez-vous?

... *Alors, marché conclu!*

... *Il s'agit d'un crocodile.*

... Un crocodile? Où l'avez-vous trouvé?

... Cent cinquante pièces d'or? C'est entendu!

... *Sur un bateau. Je veux le vendre deux cents pièces d'or.*

... *Bonjour, monsieur!*

... Deux cents pièces d'or? C'est trop cher! Je vous propose cent pièces.

... *Je désire vous vendre un animal.*

... Un animal? De quel animal s'agit-il?

Ce dialogue est un peu difficile à comprendre, n'est-ce pas? C'est parce que les répliques ont été mélangées. A toi de les remettre en ordre. Devant chaque phrase, écris 1 pour la première réplique, 2 pour la deuxième et ainsi de suite jusqu'à 11. Un petit renseignement pour t'aider: Justice est la première à parler. Ses répliques sont écrites en italique. Les répliques de Gaëtan sont écrites avec des lettres normales.

---

4 Voici la jolie tête du gardien. On peut la dessiner:

de face  de dos 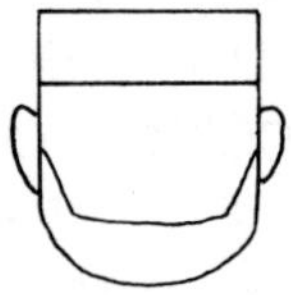 de profil 

Maintenant, à toi de compléter ces dessins. Mais attention! Tu dois respecter les positions indiquées!

Ces deux gardiens te-regardent:

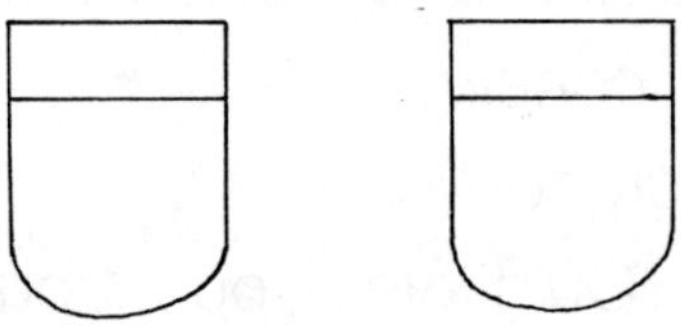

Ceux-là se regardent:

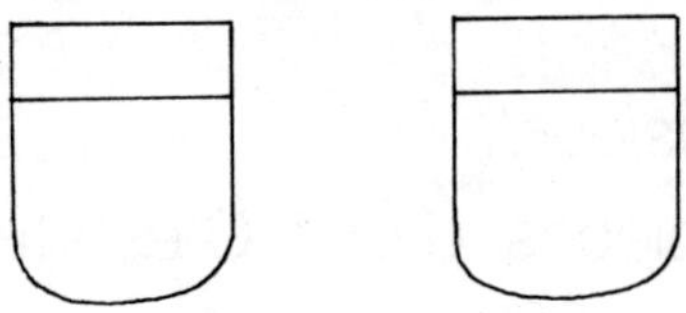

Le gardien de droite te regarde, celui de gauche te tourne le dos.

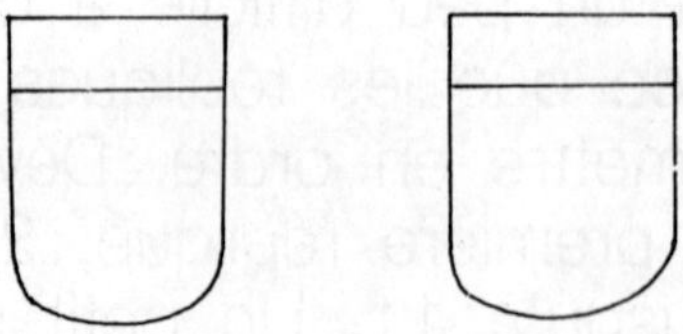

UN DRÔLE DE PAYS!

1 Quand Jean-Christophe voit une voiture, il croit que c'est un monstre. C'est parce qu'il n'en a jamais vue!

Imaginons... Jean-Christophe pénètre dans un appartement. Il découvre des tas de choses très effrayantes! Il voit:

1. un grand robot sans tête dont le ventre est glacé.
2. un œil magique rempli de petits hommes.
3. un soleil noir brûlant tout ce qu'on met dedans.
4. un petit soleil blanc très aveuglant.
5. un bavard carré qui chante sans arrêt.
6. un monstre hurleur fabricant des courants d'air.

Pour Jean-Christophe, ce sont tous d'horribles monstres effrayants. Mais toi, tu les connais bien! A ton avis, qui sont tous ces monstres?

Tu as le choix entre:
un aspirateur, une lampe, une machine à laver, un réfrigérateur, un mixeur, un téléviseur, une baignoire, un four, une radio.

Monstre n° 1 ____________ Monstre n° 2 ____________

Monstre n° 3 ____________ Monstre n° 4 ____________

Monstre n° 5 ____________ Monstre n° 6 ____________

2 Jean-Christophe a très peur des motos. Heureusement, il n'a jamais assisté à une course comme celle-ci:

Chaque moto est désignée par une lettre.

La moto E est derrière la moto A.

La moto B est devant la moto A.

La moto C est derrière la moto E.

La moto D est devant la moto B.

Écris les bonnes lettres dans le rond sur chaque moto.

3 Pour aller du zoo au port, la route est longue. Jean-Christophe veut prendre le chemin le plus court. A ton avis, lequel doit-il choisir?

Pour trouver le chemin le plus court, tu peux utiliser ta règle... ou autre chose. A toi de faire fonctionner ton cerveau!

Le chemin le plus court est le chemin n° __.

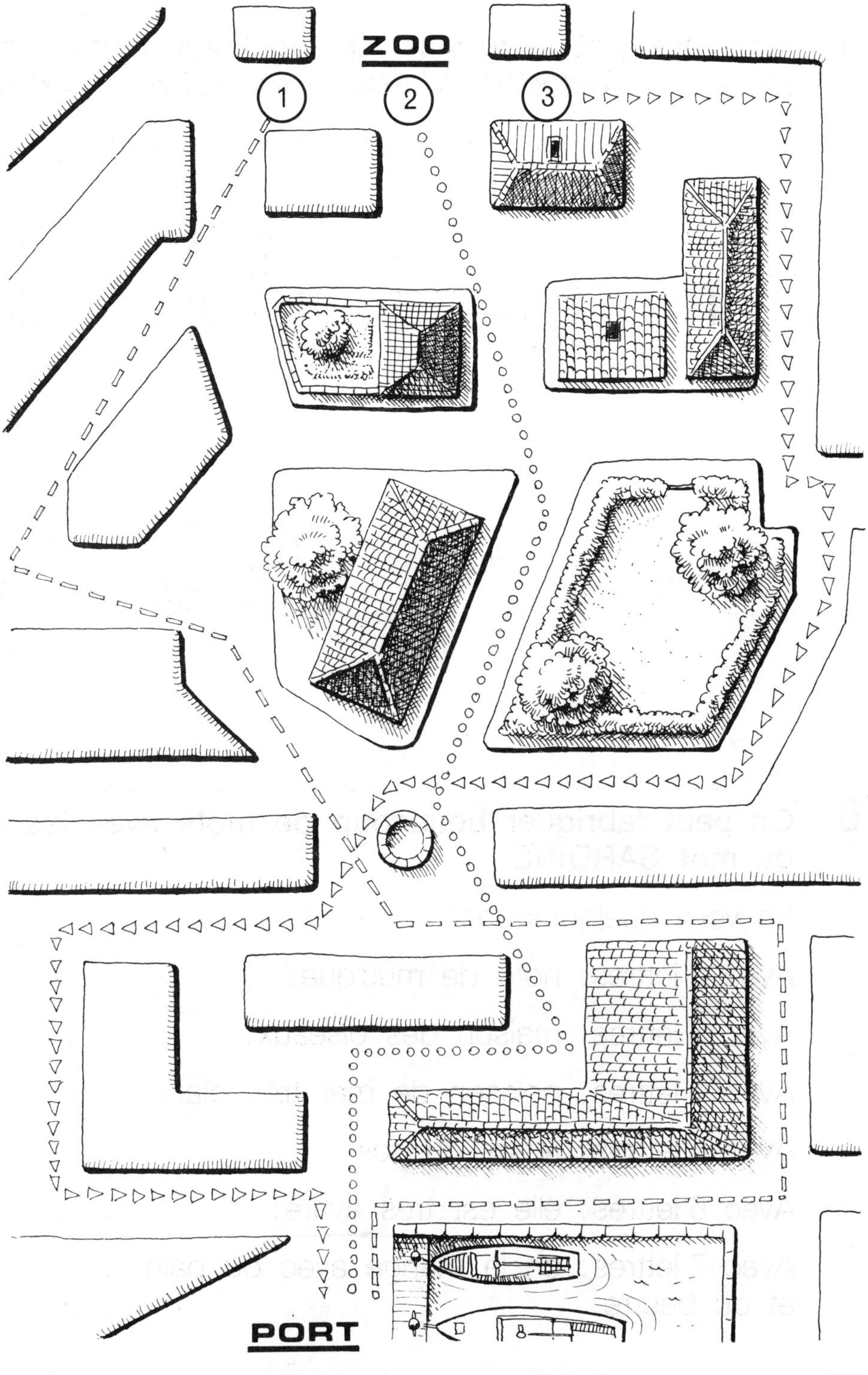
ZOO
1
2
3
PORT

4 Voici huit petits dessins. On peut les mettre deux par deux. Réfléchis et essaie de trouver pourquoi !

Quand tu as trouvé, relie-les avec une flèche.

5 On peut fabriquer beaucoup de mots avec les lettres du mot SARDINE.

En voici quelques-uns :

Avec 2 lettres : note de musique : . .

Avec 3 lettres : maison des oiseaux : . . .

Avec 4 lettres : poisson de mer très plat : . . . .

Avec 5 lettres : repas du soir : . . . . .

Avec 6 lettres : elle est très avare : . . . . . .

Avec 7 lettres : on la mange avec du pain et du beurre : . . . .

6 Utilise des mots du texte pour compléter les phrases.

Grâce à leur ______________, les chats retrouvent facilement le chemin de leur maison.

Mon frère a hurlé en ______________ une araignée sous son lit.

Ce poisson est trop vieux! Il dégage une ______________ épouvantable!

Tu peux peindre ton dessin à ______________ de ne pas mettre de la peinture sur tes vêtements!

UN RESTAURANT DANGEREUX

1 Partie de pêche...

Annabelle va pêcher dans un étang. Elle a chaussé ses grosses bottes en caoutchouc à cause de la boue. Comme il fait très chaud, elle a mis un short et un petit chemisier. Pour se protéger du soleil, elle a un joli chapeau de paille. La chance lui a souri et elle a attrapé beaucoup de poissons : un brochet, deux carpes et trois ablettes.

La semaine suivante, Annabelle va pêcher en mer, sur un petit bateau. Comme il ne fait pas très beau, elle a mis son ciré (sorte d'imperméable en plastique utilisé par les pêcheurs). Un petit chapeau rond protège sa tête des gouttes de pluie. Cette fois encore, Annabelle a beaucoup de chance. Elle attrape plusieurs beaux poissons : une raie, deux roussettes et trois congres.

Pendant ces parties de pêche, Annabelle a été prise en photo :

Si tu as bien compris le récit d'Annabelle et si tu as bien observé les photos, tu pourras remplir ce petit tableau:

Dessin du poisson	Nom du poisson	Poisson de mer	Poisson d'eau douce

2 Complète les phrases avec des mots de l'histoire.

Ah oui! Je veux bien un ____________ de ce gâteau!

Attention! Ne mets pas ta main dans la ___________
de ce chien! Il pourrait te mordre!

J'avais très faim et j'ai beaucoup mangé. Maintenant, je suis ___________.

C'est vrai. Tu as raison. Je me rends bien ___________ que j'ai fait une bêtise.

Pour allumer un feu de bois, rien ne vaut un bon ___________!

---

3 Tu entres dans un grand restaurant. Le maître d'hôtel te tend la carte...

ENTRÉES:

Salade de tomates ou d'endives ou de pommes de terre ou de carottes.
Saumon fumé à la crème fraîche.
Toast de caviar.
Pâté de foie ou de campagne ou de lièvre.
Rillettes sur biscotte.
Foie gras sur toast.

PLATS DE RÉSISTANCE:

1. viande:	ou	2. Poisson:
côtelettes de mouton		sole du matin
bifteck de bœuf		brochet du lac
côte de porc		truite de torrent
cuisse de dinde		sardines fraîches
aile de pintade		
lapin		
lièvre		

3. Légumes:
pommes de terre
purée
frites
haricots verts
petits pois

DESSERT:
tarte (aux fraises, aux pommes ou aux prunes)
glace (chocolat, citron, pistache, banane, noix de coco, vanille)
pâtisserie (religieuse, flan, éclair, baba au rhum, mille-feuilles)
fruit frais (pomme, orange, banane, ananas, mangue)

BOISSONS:
vin rouge
vin blanc
bière
eau minérale
coca-cola
jus de fruit (pomme, orange, raisin, ananas)

Maintenant, compose ton repas! Écris ce que tu désires manger:
Entrée: ____________________

Plat de résistance: ____________________

avec (légumes): _______________

Dessert: (Si tu choisis une tarte, précise à quoi. Si tu choisis une glace, tu as droit à trois parfums.) ____________________

Boisson: ____________________

Passe ta commande à ton maître ou à ta maîtresse. Avec un peu de chance, tu seras bientôt invité au restaurant!

4 Tu dois remplir la grille en prenant un mot dans chaque phrase.

Attention ! une seule lettre par case et toutes les cases doivent être remplies !

1. Le gardien du hangar veut absolument retrouver Jean-Christophe.
2. Il le cherche partout, mais heureusement, il ne le retrouve pas !
3. Pendant ce temps, notre ami découvre une bonne cachette.
4. Il va enfin pouvoir se reposer tranquillement.
5. Le pauvre crocodile est tellement fatigué qu'il s'endort immédiatement.

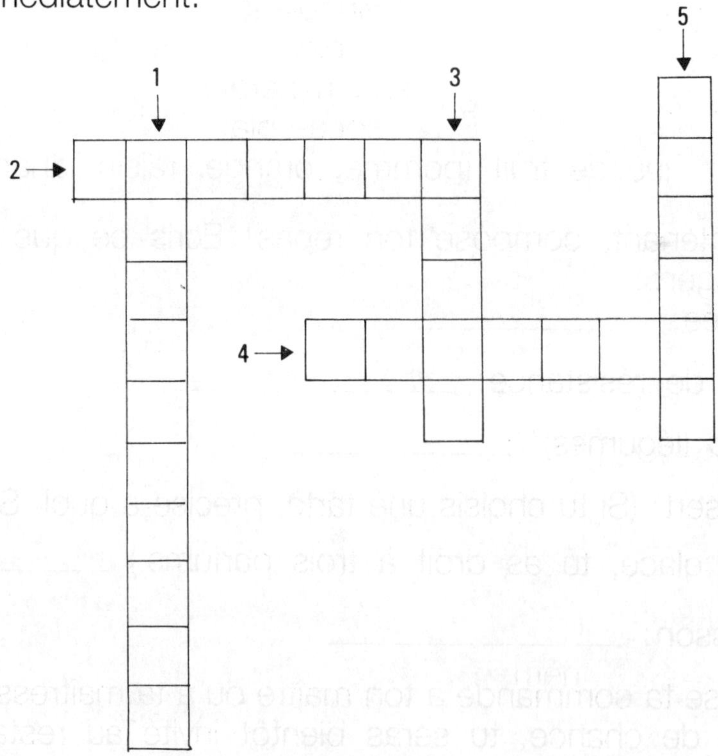

UNE BONNE CACHETTE

1 **Quand on joue à cache-cache, il y a des endroits où il ne faut jamais se cacher!**

Pour remplir ce tableau, tu as besoin de trois couleurs:

<u>Colonne 1:</u> case rouge pour les cachettes dangereuses.

<u>Colonne 2:</u> case bleue pour les cachettes non dangereuses mais idiotes.

<u>Colonne 3:</u> case verte pour les bonnes cachettes.

	1	2	3
sous la table			
derrière les rideaux			
dans la machine à laver			
sous un lit			
sous le tapis			
dans le four			
derrière un fauteuil			
sous la moquette			

Maintenant, à toi de trouver deux bonnes cachettes:

____

____

2 Regarde bien ce dessin:

On dirait qu'il n'y a personne dans la pièce. Et pourtant! Trois enfants et trois animaux sont cachés quelque part. Essaie de les découvrir!

Philippe est caché sous ______________.

Clémentine est cachée derrière ______________.

Magali est cachée sous ______________.

Jojo le chaton est caché derrière ______________.

Moumounette la chatte est cachée sur ______________.

Bouliboulou le chiot est caché dans ______________.

Pour répondre, tu peux utiliser les mots suivants: un cartable, une armoire, une commode, une table, un tapis, un fauteuil, une chaise, une plante verte, une corbeille à papier, un pouf.

3 Le gardien du hangar veut empiler les caisses et les cageots de poissons sur le chariot. Mais il ne faut pas que le tas s'écroule!

Découpe proprement tous ces objets. Ensuite, pose-les sur le chariot, les uns sur les autres. Quand le tas est bien équilibré, colle les dessins.

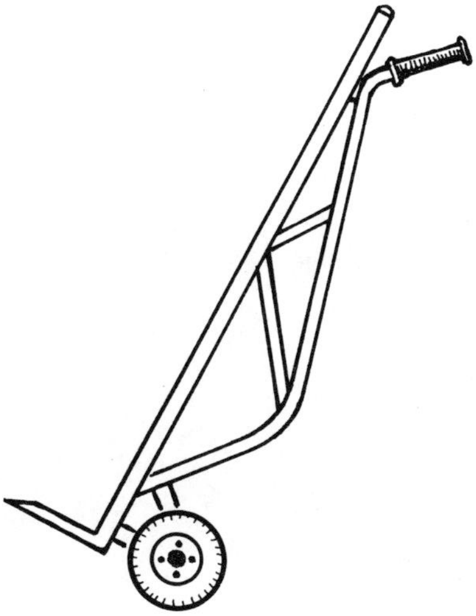

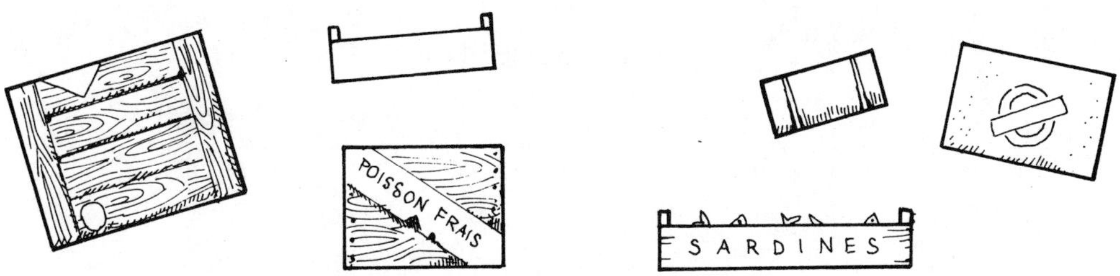

4 Voici la tête d'un petit minou:

de face de dos de profil

Complète les dessins des petits minous. Attention! Tu dois respecter les positions indiquées!

Le minou de gauche te regarde et celui de droite regarde à gauche.

Le minou de gauche regarde à droite, celui de droite regarde à gauche et celui du milieu te regarde.

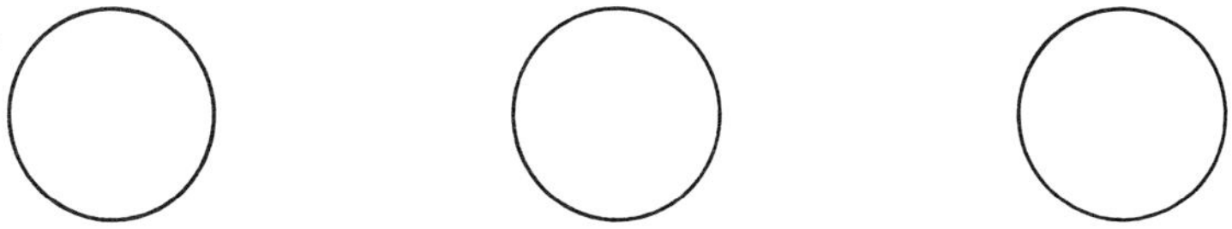

Le minou de gauche regarde son voisin. Le minou du milieu te tourne le dos et celui de droite te regarde.

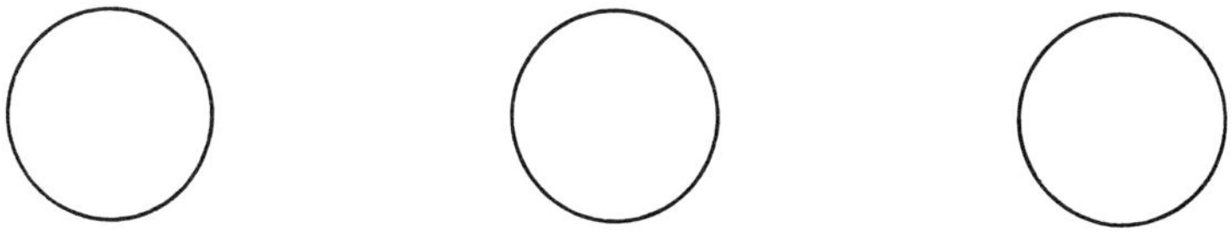

Achevé d'imprimer en septembre 1989
sur les presses de
l'Imprimerie Carlo Descamps
à Condé-sur-l'Escaut
Dépôt légal : septembre 1989
Nº d'éditeur : 482
Nº d'imprimeur : 6031